网店数据化运营

选品 引流 优化 核算

商玮 段建 **主编**
宋红昌 **副主编**

人 民 邮 电 出 版 社

北 京

图书在版编目（CIP）数据

网店数据化运营：选品 引流 优化 核算 / 商玮，
段建主编. -- 北京：人民邮电出版社，2018.9（2021.8重印）
高等院校电子商务职业细分化创新型规划教材
ISBN 978-7-115-48933-3

Ⅰ. ①网… Ⅱ. ①商… ②段… Ⅲ. ①网店—运营管
理—高等学校—教材 Ⅳ. ①F713.365.2

中国版本图书馆CIP数据核字(2018)第162039号

内 容 提 要

电子商务是一个与时俱进的行业，其规则总在不断变化。如今的网店卖家迫切地需要重新整理
自己的开店思路，学会用数据分析方法来寻找网店运营问题的症结所在。

本书是一本网店数据化运营宝典，以淘宝网平台为依托，汇集了网店主营商品的选择、网店宝
贝的定价、网店流量结构分析、宝贝成交转化率分析、网店客单价分析、网店搜索引擎优化、DSR
动态评分深入解读、客户服务数据分析、网店利润分析及数据化运营案例分析等内容，同时列举了
大量案例，使读者能对数据化运营有快速、深入的认识。

本书结构清晰、语言简洁、图解丰富、案例详尽，可作为本科院校、职业院校电子商务、经济
管理、市场营销等专业的教材，也可作为电子商务培训的教学用书，同时还可作为网店创业人员、
管理人员、兼职人员的自学用书。

◆ 主　编　商　玮　段　建
　　副主编　宋红昌
　　责任编辑　古显义
　　责任印制　马振武

◆ 人民邮电出版社出版发行　　北京市丰台区成寿寺路 11 号
　　邮编　100164　电子邮件　315@ptpress.com.cn
　　网址　http://www.ptpress.com.cn
　　大厂回族自治县聚鑫印刷有限责任公司印刷

◆ 开本：787×1092　1/16
　　印张：13　　　　　　　　　　　2018 年 9 月第 1 版
　　字数：267 千字　　　　　　　2021 年 8 月河北第 7 次印刷

定价：39.80 元

读者服务热线：(010)81055256　印装质量热线：(010)81055316
反盗版热线：(010)81055315
广告经营许可证：京东市监广登字 20170147 号

PREFACE　　　　　　前　言

在数据大爆炸的时代，数据分析越来越被人们所重视。数据的真正价值在于数据驱动决策，当决策者有更多的证据来支持业务决策时，做出的决策自然比基于本能、假设或认知偏见做出的决策更可靠。同样，在网店运营过程中，数据化运营也是极其重要的。卖家可通过数据驱动的方法判断趋势，展开有效行动，及时发现问题，提出问题的解决方案。

编者通过全面、深入地了解网店数据化运营的工作流程及岗位主要技能要点，以培养适应电子商务发展需要的电商运营人才为目标编写了本书。本书以网店数据化运营为核心，从基础、技能、实战三个方面讲述数据化运营的基础知识及操作技能，配合真实的企业案例及清晰的数据分析图，帮助读者对数据化运营形成全面的认知。

本书共10章，第1章以百度指数和阿里指数为数据分析平台，详细讲解如何选择网店的主营商品；第2章从定价出发，教会读者利用科学的定价方法为宝贝定价；第3章为网店流量结构分析，讲解网店主要的引流渠道；第4章围绕成交转化率进行讲解，解析影响成交转化率的因素，并逐一讲解如何优化；第5章讲解提升网店客单价的方法和技巧；第6章解析如何借助淘宝搜索引擎优化提升宝贝的排名；第7章全面深入地为读者解读DSR动态评分；第8章从网后内部管理出发，介绍淘宝掌柜如何对客服人员实行KPI绩效考核；第9章同属网店内部管理范畴，讲解淘宝掌柜应该如何通过数据分析对网店的利润进行精准的预测；第10章演示了开店初期的运营、网店流量数据分析两个案例，给读者提供思考方向，引导读者举一反三。

本书具有以下特点。

※ 以数据化思维为导向。本书以数据化思维分析问题、解决问题并预测可能会出现的问题，为网店提供更加科学的数据化决策依据。书中以Excel为主要分析工具，操作过程简单易懂。

※ 循序渐进。本书按照开店运营的流程为广大新手卖家进行了讲解。从开店选品到正式的数据运营，再到网店搜索引擎优化，最后是网店内部管理，让读者清晰地了解开店、运营的整个流程，并学会在各个流程中利用数据进行分析和决策。

※ 图文结合、实战性强。书中有350多张图表，能帮助读者更好地理解各项数据指标，并通过理论与实际相结合，帮助读者了解数据化运营的具体操作。

※ 内容全面、专业性强。本书涵盖数据化运营的入门知识，以及关键词设置等数据化运营的精华内容，帮助读者掌握数据化运营的操作方法。

※ 即学即用，实用性强。本书在讲解理论知识的同时，列举了许多经典案例，书中用到的数据化运营案例可直接用于练习，以引导读者学以致用，将数据化运营的方法和技巧运用到实际的淘宝网店运营中去。

※ 配套资源丰富。本书提供课程部分配套数据资源，可通过微信扫描二维码加入本书特别班级网店数据化运营获取。

本书由浙江经贸职业技术学院信息技术系主任商玮、北京博导前程信息技术股份有限公司董事长段建任主编，北京博导前程信息技术股份有限公司宋红昌任副主编，北京博导前程信息技术股份有限公司安刚、王志锋参编。在本书的编写过程中，编者得到了很多一线企业运营人员、院校专业人士的大力支持和帮助，在此一并表示感谢。

编者
2018年4月

CONTENTS
目　录

第1章
网店主营商品的选择

1.1　根据数据平台分析市场趋势 ···· 2

1.1.1　阿里指数 ······························· 3

1.1.2　百度指数 ······························· 5

1.2　选择适合网店的商品类目 ······· 7

1.2.1　根据市场趋势选择商品 ······· 7

1.2.2　根据地理优势选择商品 ······· 9

1.2.3　根据自身条件选择商品 ····· 10

1.3　选择适合网店的货源市场 ····· 10

1.3.1　货源市场的考核标准 ········· 11

1.3.2　选择货源的渠道 ··············· 12

本章小结 ·································· 14

课后思考题 ······························ 14

第2章
网店宝贝的定价

2.1　全店宝贝价格全方位规划 ····· 16

2.1.1　低价位引流量 ··············· 17

2.1.2　中等价位盈利 ··············· 18

2.1.3　高价位定位品牌 ············· 21

2.2　传统定价法 ······················ 22

2.2.1　习惯定价法 ··················· 22

2.2.2　成本加成定价法 ············· 23

2.3　保留安全定价底线 ············· 24

2.3.1　安全定价法的公式 ········· 24

2.3.2　安全定价法的应用分析 ····· 24

2.4　客户心理定价法 ················ 25

2.4.1　最小单位定价法 ············· 26

2.4.2　数字定价法 ··················· 27

2.4.3　招徕定价法 ··················· 29

2.5　促销式定价 ······················ 31

2.5.1　统一促销 ····················· 31

2.5.2　特价促销 ····················· 33

2.5.3　满额促销 ····················· 33

2.6　组合定价法 ······················ 35

2.6.1　系列宝贝中的单品
　　　定价法 ····················· 35

2.6.2　单品相加打折法 ············· 36

本章小结 ·································· 37

课后思考题 ······························ 37

第3章
网店流量结构分析

3.1　淘宝网店流量来源概况 ········· 39

3.1.1　常见数据指标 ··············· 39

3.1.2　自主访问流量 ··············· 41

3.1.3　付费流量 ····················· 44

3.1.4　站内流量 ····················· 47

3.1.5　站外流量 ····················· 49

3.2　网店初期的引流渠道 ··········· 49

3.2.1　淘宝官方活动 ··············· 50

3.2.2　社交网络平台 ·············· 53

3.3　网店后期引流工具 ············ 56
3.3.1　淘宝客的第三方流量 ········ 56
3.3.2　直通车的精准流量 ·········· 59
3.3.3　钻石展位的品牌推广
流量 ·············· 62
本章小结 ························ 65
课后思考题 ······················ 66

第4章
宝贝成交转化率分析

4.1　解读成交转化漏斗模型 ······ 68
4.1.1　有效入店率 ················ 69
4.1.2　旺旺咨询转化率 ············ 74
4.1.3　静默转化率 ················ 76
4.1.4　订单支付率 ················ 77
4.2　从搜索到成交客户看什么 ···· 79
4.2.1　主图与价格 ················ 79
4.2.2　效果图与库存量单位 ········ 81
4.2.3　累计评论 ·················· 82
4.2.4　细节图与售后保障 ·········· 83
4.3　优化影响宝贝成交的因素 ···· 84
4.3.1　优化关键词和宝贝主图
吸引点击 ·············· 84
4.3.2　优化宝贝首页加深印象 ···· 85
4.3.3　优化详情页留住买家 ········ 86
本章小结 ························ 89
课后思考题 ······················ 89

第5章
网店客单价分析

5.1　认识客单价 ················ 91
5.2　利用爆款提升客单价 ········ 92

5.2.1　爆款是流量的重要入口 ····· 93
5.2.2　爆款的选款 ················ 94
5.2.3　爆款的深度优化与推广 ····· 96
5.3　利用网店优势提升客单价 ···· 98
5.3.1　网店的定位 ················ 98
5.3.2　同类宝贝客单价的提升 ··· 101
5.3.3　不同类宝贝客单价的
提升 ············· 103
5.4　挖掘客户的购买能力 ······· 106
5.4.1　回头客对网店的贡献 ······ 106
5.4.2　客户关系的维护 ········· 109
本章小结 ······················· 112
课后思考题 ····················· 112

第6章
网店搜索引擎优化

6.1　淘宝SEO的解读 ··········· 114
6.1.1　淘宝SEO的定义 ········· 115
6.1.2　影响宝贝排名的因素 ····· 115
6.2　宝贝标题的优化 ··········· 119
6.2.1　认识标题的关键词 ······· 119
6.2.2　宝贝标题的制定 ········· 123
6.3　宝贝上下架时间的优化 ····· 126
6.3.1　宝贝上下架的周期 ······· 126
6.3.2　宝贝最佳上下架时间
的设置 ············· 126
本章小结 ······················· 130
课后思考题 ····················· 130

第7章
DSR动态评分深入解读

7.1　全面认识DSR动态评分 ······· 132
7.1.1　DSR动态评分的含义 ······ 132

7.1.2　DSR动态评分对网店
　　　的影响·················· 133
7.2　DSR动态评分的计算公式 ··· 135
7.2.1　解析DSR动态评分计算
　　　公式·················· 135
7.2.2　预期DSR动态评分的
　　　计算·················· 136
7.3　提升网店DSR动态评分
**　　的方法** ················ 137
7.3.1　宝贝与描述相符的提升··· 138
7.3.2　卖家的服务态度的提升··· 140
7.3.3　卖家的发货速度的提升··· 141
本章小结 ··················· 143
课后思考题 ················· 143

第8章
客户服务数据分析
8.1　淘宝客服的基础知识 ········ 146
8.1.1　淘宝客服的重要性 ······· 146
8.1.2　淘宝客服工作流程中纠纷率
　　　最高的环节 ··········· 147
8.2　淘宝客服KPI考核 ·············· 149
8.2.1　淘宝客服KPI考核的
　　　含义·················· 149
8.2.2　淘宝客服KPI考核·········· 149
8.3　打造网店金牌客服 ·········· 155
8.3.1　淘宝客服等级的划分······· 155
8.3.2　数据化打造金牌客服······· 159
本章小结 ··················· 164
课后思考题 ················· 164

第9章
网店利润分析
9.1　网店利润与利润率的定义 ··· 166
9.2　影响网店盈利的因素 ········· 167
9.2.1　宝贝成本················ 167
9.2.2　推广成本················ 168
9.2.3　固定成本················ 170
9.3　网店利润的预测与分析 ········ 171
9.3.1　线性预测法·············· 171
9.3.2　指数预测法·············· 174
9.3.3　图表预测法·············· 175
9.3.4　分析工具预测法·········· 177
9.4　网店利润的规划求解 ········· 181
9.4.1　减少推广成本和固定
　　　成本·················· 181
9.4.2　创建规划求解报告········· 183
本章小结 ··················· 185
课后思考题 ················· 185

第10章
数据化运营案例分析
10.1　新手开店迈向成功的
**　　三部曲** ················ 187
10.1.1　网店的选品············ 188
10.1.2　网店的推广············ 190
10.1.3　利润的核算············ 194
10.2　网店数据分析之流量数据 ··· 195
10.2.1　流量指标的构成········· 195
10.2.2　用户行为轨迹数据········ 196
本章小结 ··················· 198
课后思考题 ················· 199

第1章

网店主营商品的选择

在大数据时代的今天，电子商务正处于高速发展时期。其中，淘宝开店创业就是典型的电子商务数据化的案例。2017年，"双11"开场11秒淘宝系交易额就超过了10亿元，3分01秒交易额破百亿元，当天成交额高达1682亿元，刷新了以往的纪录。这一数据直接反映了"双11"当天购物的火爆程度。越来越多的人加入到淘宝开店创业的大军中。

淘宝开店创业已经成为当今社会的热潮，开店的第一步就是选择自己网店的主营商品。如果没有经过数据化的统计和分析，完全凭借主观臆想和猜测，盲目地选择网店的主营商品，最终可能会导致创业的失败。因此，淘宝卖家必须先对市场进行调查，通过对市场调查的最新资料进行分析，了解淘宝买家的需求是什么；淘宝市场现阶段是否处于饱和状态；同行之间的竞争情况怎么样；所在的行业是否属于热门行业；自己的网店定位是什么。只有在透彻掌握市场趋势的基础上选好主营商品，才能让自己的网店立于不败之地。

本章关键词

- 阿里指数
- 百度指数
- 选择网店商品类目
- 选择货源市场
- 货源市场的考核标准

本章数据分析中的图表展示

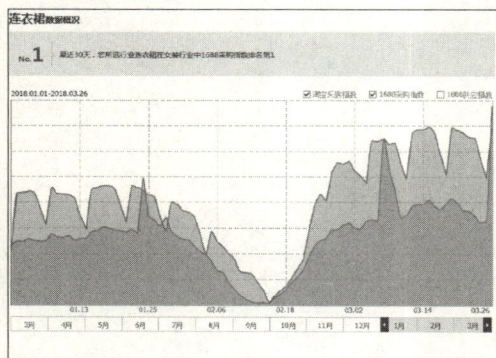

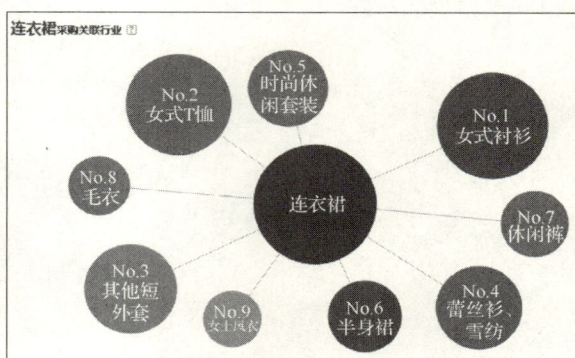

1.1　根据数据平台分析市场趋势

淘宝卖家在选择网店的主营商品之前，需要先对整个淘宝市场有充分的认识和了解。首先，要分析淘宝市场的整体趋势；其次，对自己所在行业的趋势进行深入的考察和研究，掌握所在行业采购市场的行情和动态，熟悉所在行业客户市场的走势和特性。而对于新手卖家而言，可以通过哪些数据分析平台分析市场趋势呢？下面主要从阿里指数和百度指数两个专业的数据平台分析市场趋势。

1.1.1 阿里指数

阿里指数是专业的针对电子商务市场动向的数据分析平台，它主要是对整个淘宝市场的行业价格、供求关系、采购趋势数据进行统计和分析，帮助卖家充分掌握采购市场动态。阿里指数首页如图1-1所示。阿里指数根据其功能的不同划分出了行业大盘、属性细分、采购商素描等6大模块。对淘宝卖家而言，这些数据并非都能帮助卖家分析出淘宝市场的行业动态，毕竟阿里指数是电子商务领域的一个数据分享平台，而非淘宝专用的数据平台。因此，如果卖家要了解淘宝市场的采购情况，只要关注淘宝采购指数、热门行业、潜力行业和采购关联行业这4项指标就能分析出整个淘宝市场的采购趋势。

图1-1 | 阿里指数的首页

1. 根据行业大盘查看淘宝采购指数

淘宝采购指数是根据某行业在淘宝市场的成交量计算而成的一个综合数值。该数值越高，表示该行业在淘宝集市店（集市店俗称淘宝C店，是个人网上交易平台，与之对应的天猫店则是大型的电子商务购物平台）的卖家采购量越高。图1-2所示为通过阿里指数首页中的查询窗口搜索"连衣裙"得到的采购趋势图。

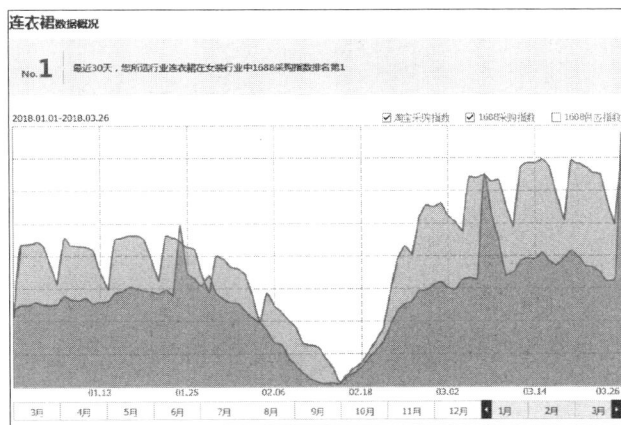

图1-2 | "连衣裙"的采购趋势图

从图1-2可以看出，淘宝网店采购连衣裙在2月中旬处于低迷期，而下旬之后，其采购趋势又逐渐好转。仔细研究这个时间点，不难发现2月中旬差不多处于春节期间。但是随着时间的推移，在2月下旬，连衣裙的采购指数骤然上升，且其市场逐渐明朗，这主要是因为节后人们的生活逐渐恢复正常。可见淘宝市场的采购趋势与人们的生活节奏息息相关，才形成了市场的动态变化过程。因此，卖家在采购商品前需要考虑特殊日期和特殊事件，这些因素都会影响客户的购物趋势。

2. 根据行业大盘了解热门行业和潜力行业

在"行业大盘"数据中，卖家还可以了解与某行业相关的"热门行业"和"潜力行业"。图1-3所示为与"连衣裙"相关的热门行业，从图中可以分析绝大多数卖家在采购"连衣裙"的同时还采购了女式T恤、女式牛仔裤、女式衬衫、其他短外套、女式卫衣等。阿里指数平台根据这些相关的热门行业的采购情况对其淘宝市场的需求做出预测，有的"小幅上升"，有的"保持平稳"。因此，卖家在采购主营商品时，可以关注与此相关的热门行业。

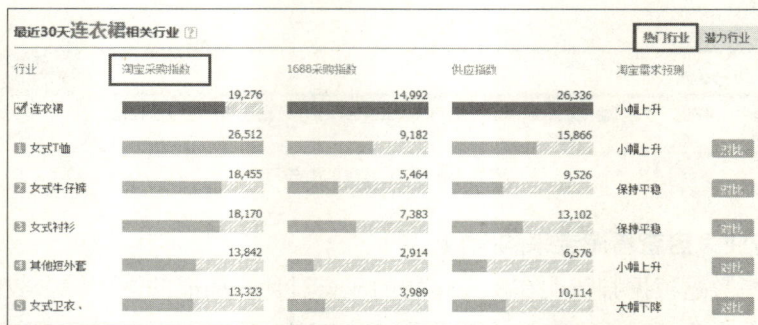

图1-3｜与"连衣裙"相关的热门行业

同样，在"行业大盘"中还可以查看涨幅较大的潜力行业。图1-4所示为与"连衣裙"相关的潜力行业。从图中可分析出，"女式T恤"是很多卖家在采购连衣裙的同时重点采购的对象，而小西装的采购指数相对很低。因为这是服装类商品，所以与季节有很大的关系。因此，卖家在选择服装类商品时，一定要结合当期的季节进行选择，而选择对季节不敏感的其他商品，如电子产品时，要重点关注与它们相关的类目。总之，"热门行业"和"潜力行业"能帮助新手卖家摸清行业趋势，洞察同行业中其他卖家的采购趋势。

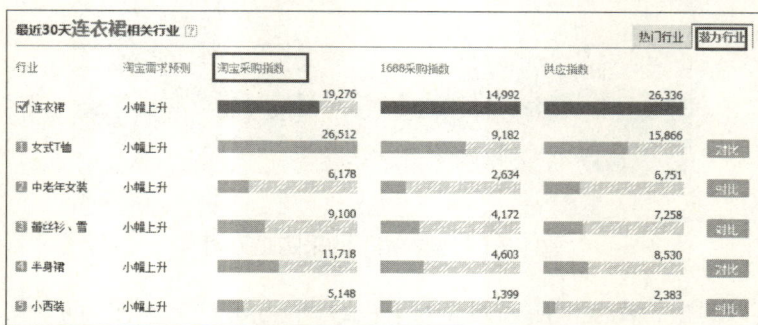

图1-4｜与"连衣裙"相关的潜力行业

3. 根据采购商素描分析采购关联行业

通过阿里指数的"采购商素描"模块可以查看与所搜索行业相关的关联行业。图1-5所示是搜索"连衣裙"后给出的关联行业，它与"行业大盘"中的"热门行业"和"潜力行业"类似，都是根据相关性得出的搜索结果。但是"采购商素描"中的关联行业会按照相关性的强弱排名，排名越靠前，与所搜索的商品的关联性就越强。因为这些数据都是根据采购指数进行动态分析的，所以其本身也是一个动态变化的结果。

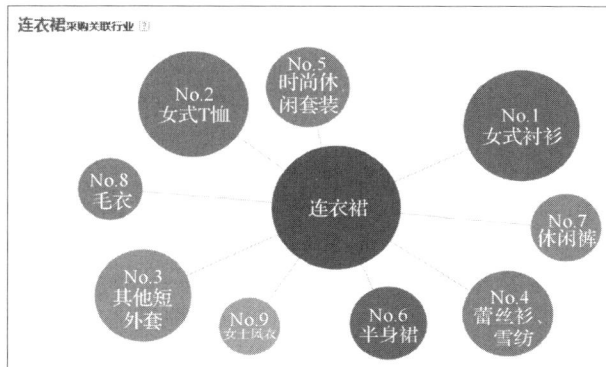

图1-5 │ "连衣裙"采购关联行业

新手卖家可以结合上述介绍找出其他卖家重点关注的行业、对象，借用别人的经验来提升自身的辨别能力。

1.1.2 百度指数

百度指数是研究客户兴趣、习惯的重要数据参考平台。淘宝卖家通过百度指数可以查看商品的长周期走势、客户的人群特性、商品搜索量和成交量的排行榜等内容。图1-6所示为百度指数的首页，淘宝卖家可以在搜索栏中输入想查询的商品类目的关键字，通过搜索指数、人群画像等指标对该商品进行全方位的分析。

图1-6 │ 百度指数的首页

1. 搜索指数

搜索指数主要包括搜索指数趋势、搜索指数概况这两项数据指标。搜索指数是指数化的搜索量，能反映市场搜索趋势，但并不等同于搜索次数。

　　卖家通过搜索指数趋势可以掌握商品的长期搜索趋势。卖家也可以修改区域了解不同地区人群的喜好，精准定位不同地区的客户特性。例如，卖家决定查看斜挎包、手提包、双肩包的搜索指数，首先在图1-6所示的百度指数的搜索栏中输入关键字"斜挎包，手提包，双肩包"（逗号为英文状态下输入），可得到斜挎包、手提包、双肩包的搜索指数趋势，如图1-7所示。

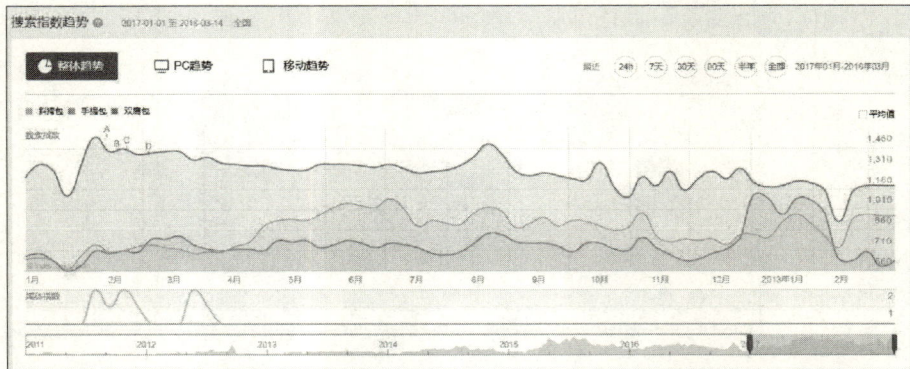

图1-7｜斜挎包、手提包、双肩包的搜索指数趋势

　　通过搜索指数概况，卖家可清晰地了解商品最近7天、最近30天的搜索指数与同期的变化情况。仍以上述搜索为例，从搜索指数概况中可以得到斜挎包最近7天的搜索指数整体同比上升33%，整体环比下降了1%，大体上掌握斜挎包的搜索指数的趋势，如图1-8所示。同时，卖家可以通过搜索指数趋势的变化提前对未来一段时间的市场行情变化做出判断。

图1-8｜手提包、斜挎包、双肩包的搜索指数概括对比

2. 人群画像

　　如果卖家需要进一步了解搜索斜挎包的都是什么样的人，可使用百度指数的人群画像。百度指数人群画像通过对搜索人群的地域分布、人群属性做出精准的数据统计与分析，方便卖家更加准确地了解该商品客户群体的特性。

　　（1）地域分布

　　例如，搜索斜挎包的网民地域分布结果显示，广东、北京、山东、辽宁等地区的网民近7日对斜挎包的关注度较高，另外，该功能还可以针对区域或城市继续进行排名分析。

（2）人群属性

例如，搜索斜挎包的网民人群属性如图1-9所示。以年龄为纬度分析，搜索斜挎包的网民年龄主要集中在30～49岁，其中30～39岁人群占28%，40～49岁人群占51%。以性别为纬度分析，搜索斜跨包的网民中女性用户占66%。综合以上两项数据指标分析，卖家在斜挎包的风格特色、功能作用、价格定位方面都应重点考虑30～49岁女性客户的需求和消费特点。

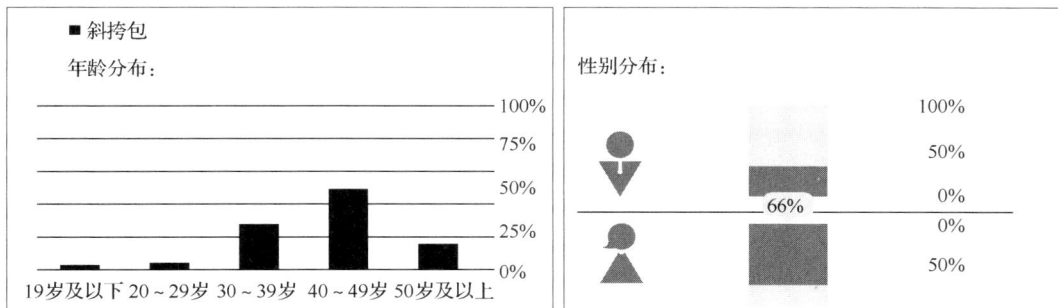

图1-9 │ 网民人群属性

1.2　选择适合网店的商品类目

淘宝卖家在全面考察淘宝市场的整体趋势后，要结合行业的整体趋势和自身的实际情况选择网店商品类目。商品类目的选择不仅影响着网店盈利与否，更是整个网店的定位与发展的决定性因素。接下来将从市场趋势、地理优势、自身条件3个层次为淘宝新手卖家讲解如何选择网店的商品类目。

1.2.1　根据市场趋势选择商品

对市场趋势进行调查是淘宝卖家在开网店前非常重要的一个环节。据专业的数据分析调查显示，截至2017年12月，我国网络购物用户规模达到5.33亿，较2016年增长14.3%，占网民总体规模的69.1%。通过对这些网络购物用户进行大数据分析，可了解不同消费群体具备的不同特征，如图1-10所示。作为卖家，清楚网店商品主要消费群体的特征，为不同的消费群体提供完善的服务，是提升网店整体竞争力的关键。

1. 符合市场需求

网店的商品必须是符合市场需求的适销商品。适销商品指类目、价格、质量等方面与市场的消费需求相适应的商品。也就是说，网店销售的商品要能够让客户有购买的意愿，且成交率越高越好。

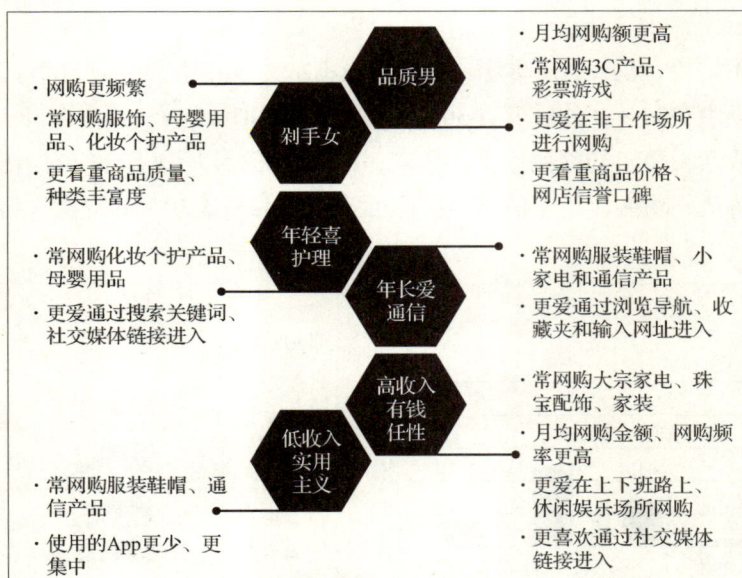

图1-10｜网购群体的属性分析

怎样才能知道什么样的商品是适销商品呢？淘宝卖家通过淘宝网排行榜可以看到整个淘宝市场相关类目的搜索和销售排行榜。图1-11所示为淘宝网排行榜的食品类目下巧克力的销售上升榜。

图1-11｜淘宝销量上升排行榜

但是热销商品除了意味着高销量和高利润之外，背后也隐藏着高风险。淘宝卖家在选择网店商品之前，要先预测其风险性，不要盲目从众。

2. 符合行业行情

淘宝卖家在选择网店商品时要分析网店商品所在的行业是否处于饱和状态，是否为当前热门行业，是否为潜力行业，行业的竞争是否过于激烈，国家对该行业是否有特殊的法律法规等。前期的市场行情调查是非常辛苦的，但是淘宝卖家对市场行情调查得越透彻，对整个行业的行情就了解得越清楚，越能为后期网店的运营打下坚实的基础。

淘宝卖家根据市场的行业现状、发展前景与空间、发展规模与趋势进行分析后，确定自己网店的定位、在同行之间的水平，以及网店所在的行业的整体发展趋势。选择网店商品所在行业时，既可以选择热门行业迎合市场大众的消费需求，也可以选择冷门行业独辟蹊径打造网店的风格与特色。例如，淘宝网店经营的商品一般要求物流流通性高，但是仍然有独具慧眼的卖家在淘宝网上售卖瓷器制品、商品房、汽车等，还取得了不错的经营效果。第一个吃螃蟹的人，虽然风险很大，但也可能获得意想不到的成功。淘宝网店也需要创新思维，"条条道路通罗马"，在透彻掌握市场行情的基础上，淘宝卖家可以选择一条适合自己的道路。

1.2.2 根据地理优势选择商品

淘宝卖家在选择网店的主营商品时，应该考虑地理环境这一因素，针对所在不同地区不同的地理优势，采取"因地制宜"的方法。例如，淘宝卖家所在的区域是全国著名的"鱼米之乡"，网店的主营产品可首选鱼类制品或稻米制品。"因地制宜"主要体现在以下两方面。

1. 地方特产

我国地大物博，物产种类极其丰富。每个地区的特产各有千秋。例如，洛川苹果、北京烤鸭、新疆吐鲁番葡萄、江西景德镇瓷器等都具有地方特色。

淘宝卖家可以把所在地区的地方特产作为网店的主营商品，因为地方特产独具特色，市场竞争力相对较小；而且便于卖家熟悉货源市场，可以直接从供应商进货，减少进货成本。淘宝卖家尤其是新手卖家只要把握好市场的供求关系，就很容易在众多的淘宝卖家中脱颖而出。

例如，A、B两个淘宝卖家都以海产品作为网店的主营宝贝，A卖家在广东湛江，B卖家在甘肃兰州。图1-12所示为A、B卖家的进货成本比较图，A卖家靠近货源市场，可以在第一时间了解市场行情，进货成本低，且运输距离较短，商品损耗程度低，故总成本较低；而B卖家距货源市场较远，不熟悉市场行情，进货成本较高，且商品在运输过程中产生的运费多、商品有一定的损耗，故总成本较高。

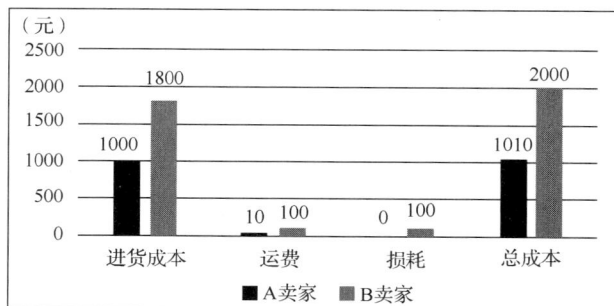

图1-12 | A、B卖家进货成本比较图

2. 地域文化特色

许多极具地域特色的商品，如服饰、鞋帽、乐器、手工制作的工艺品等，往往因为色彩艳丽、纹饰讲究而深受买家的青睐，大部分买家会选择服饰、帽子、手链作为装饰品或赠送亲朋好友的礼物。因此，具有地域文化特色的商品既可以作为艺术品收藏，又可以作为普通商品出售。淘宝卖家必须看准商机，抓住不同买家的不同需求，打造具有独具地域特色的商品。

1.2.3　根据自身条件选择商品

淘宝卖家应客观地根据自身的经济情况、喜好等因素选择网店的主营商品。经济情况决定网店的经营程度，自身的喜好决定自己感兴趣的领域。

1. 经济情况

淘宝卖家可以根据自身实际的经济情况选择合适的商品。图1-13所示为一般的淘宝网店运营的成本构成图，商品成本占据总费用的25%，其中包括商品的进货成本和运费。淘宝网店的运营费用占据总费用的40%，其中包括办公区费用（水电、网络）、人力资源费用（网页制作、美工、客服）等。淘宝网店推广和宣传费用占据总费用的30%，其他费用占5%。卖家可据此评估经营成本、经营程度。

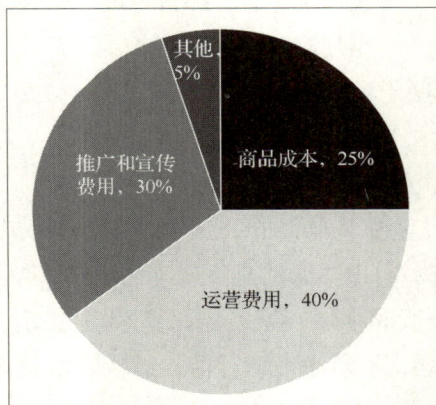

图1-13｜淘宝网店运营成本构成

2. 兴趣爱好

根据自身的兴趣爱好选择网店的商品，有利于克服困难稳定运营。

1.3　选择适合网店的货源市场

淘宝创业初期，最关键的就是选择货源市场。万丈高楼平地起，没有坚实基础的高楼都是空中楼阁。如果货源市场是地基，那么淘宝网店就是高楼，唯有在坚实牢固的地基上，高楼才能从一丈慢慢建设到万丈。

▌1.3.1　货源市场的考核标准

淘宝卖家开店首先要选择货源市场，很多新手卖家在开店初期最大的困扰就是货源市场，那么，对货源市场的考核标准又有哪些呢？淘宝卖家主要从货源市场整体水平、商品的全面评估、商品的利润空间3个方面对货源市场进行分析。

1. 货源市场的整体水平

货源市场的整体水平决定了其能否为买卖双方提供一个良好的交易平台。一个好的货源市场商品类目要丰富、价格要公正、市场的交易制度要完善。

淘宝卖家通过对多个货源市场的整体水平进行对比，排列出整体水平排名前3的货源市场，选择一个整体水平最高的货源市场作为网店的进货主要渠道，其他两个货源市场作为网店进货的备用渠道。当主要渠道不能满足进货需求时，可以从备用渠道进货。

2. 商品的全面评估

货源市场商品的品质决定了淘宝网店商品的定价和盈利。淘宝卖家在选择商品的时候，应该先对商品的价格、质量、类目等多方面进行评估。货源市场商品的价格决定了淘宝网店商品的定价，而商品的质量是淘宝网店的核心，类目丰富则可以满足不同消费群体的需求。

3. 商品的利润空间

利润是淘宝网店运营的最终目的。选择商品之前应充分考虑该商品的利润空间。值得注意的是，同一件商品在不同时间段盈利空间不同。例如，A卖家选择羽绒服作为网店的主营商品，假设一件羽绒服的进价为300元，按照60%的利润计算，羽绒服的定价应该为480元。一季度出售800件，二季度出售100件，三季度出售300件，四季度出售100件，每季度的盈利情况不同，如图1-14所示。

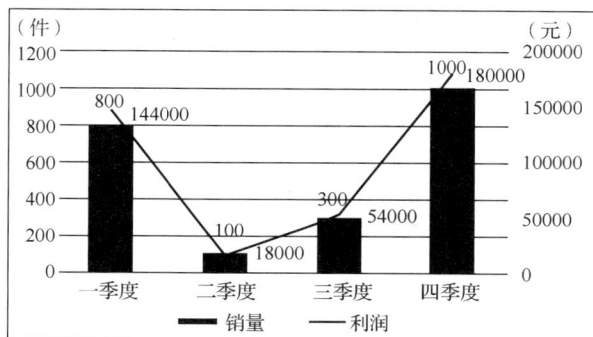

图1-14｜同一商品在不同时间段的盈利情况

▋ 1.3.2　选择货源的渠道

不同行业和地区的淘宝卖家对货源渠道的选择有所不同。影响货源渠道的客观因素主要有行业的特性、行业的入门门槛，以及地区的经济发展水平；主观因素主要有卖家自身的喜好、对行业的熟知度等。淘宝卖家货源渠道的分布图如图1-15所示，可以得知对于中小卖家，尤其是新开店的淘宝卖家而言，线上的网络渠道和线下的批发市场是网店进货的主要渠道。这两个渠道的入门门槛较低，淘宝卖家的自主选择权相对较高。随着淘宝网店经营规模扩大，网络渠道和批发市场已经不能满足淘宝卖家进货的需求，大型淘宝卖家的货源渠道更倾向于代工工厂和品牌商，或者是自主生产。淘宝卖家要针对自身的实际情况选择进货渠道。

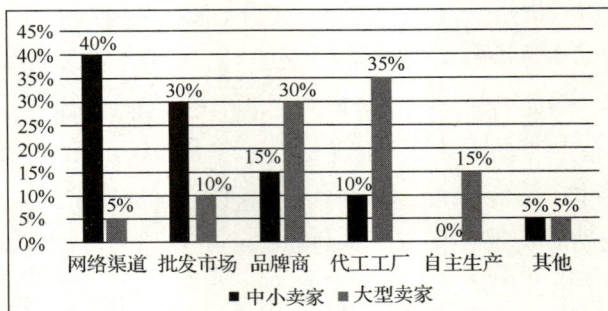

图1-15｜淘宝卖家货源渠道分布

1. 网络渠道

在制造业和商贸业都不发达的省市地区，网络渠道成为当地淘宝卖家首选的货源渠道。淘宝卖家可以直接在阿里巴巴网站选择货源的供应商，如在搜索栏中输入关键词"皮鞋"，如图1-16所示，可以看到阿里巴巴网站中所有类目的皮鞋。淘宝卖家可以根据选购热点、鞋面材质、产地、价格、分类等指标进行筛选，再通过对多个供应商的产品详情介绍、累计销量和评论、网店的信誉进行综合对比选择供应商。

图1-16｜阿里巴巴所有类目的皮鞋

阿里巴巴网站是网络进货的主要渠道之一。另外,很多起始资金相对比较匮乏的卖家还可以选择分销平台进行货源选择,不需要进行货品积压,可在有了订单后按照订单采购。

2. 批发市场

批发市场是指向批发商和零售商提供交易的商业性市场。我国东南沿海省份以及部分交通枢纽省份城市的商贸业和制造业都很发达,那里的批发市场往往是卖家首选的货源渠道,如浙江、福建、广东、上海及河南等地,淘宝卖家可以去当地知名度较高、口碑较好的批发市场进货,对商品的品质、供应商的供货系统、供应商的售后保障进行全方位的实地考察。批发市场进货具有极大的灵活性,选择哪个价位的商品,选择什么类目的商品,进货的数量是多少,采用什么物流方式,淘宝卖家完全可以根据自身的实际情况来决定。

批发市场进货的缺点是进货成本是由商品的数量和进价决定的。而当进货数量较大时,网店可能会有压货的风险。例如,甲、乙两个淘宝卖家同时从A批发市场批发同一品牌的衬衫,甲卖家批发了1000件,乙卖家批发了500件,假设一件衬衫的进价为50元,根据80%左右的利润率设置衬衫的售价。一段时间后,乙卖家的衬衫已经全部售出,而甲卖家因为衬衫的推广不到位,还剩下600件衬衫。此时正值换季,消费市场对衬衫的需求量大幅减小,甲卖家把剩下的衬衫全部以45元售出。甲、乙两个淘宝卖家的利润如表1-1所示。

表1-1　甲、乙卖家利润对比

卖家	进货量/件	进货成本/元	售价/元	压货量/件	二次售价	利润/元
甲卖家	1 000	50 000	90	600	45	13 000
乙卖家	500	25 000	90	0	0	20 000

3. 品牌商

在内陆省市地区,如四川、云南、湖南、江西等地,商贸业和制造业远不及东南沿海地区发达,品牌商是卖家优先选择的货源。品牌商是指经营一个或多个商品品牌的生产型的个人或企业。品牌意味着高质量、高信誉、高收益、低成本。淘宝卖家通过品牌商进货,借助品牌效应带动网店销量,在彰显买家身价的同时,也无形中提高了商家的品位,如淘宝卖家所在的行业是箱包,如图1-17所示,则可供选择的品牌商有爱华仕、佐斯登、银座、七匹狼、Polo等品牌。

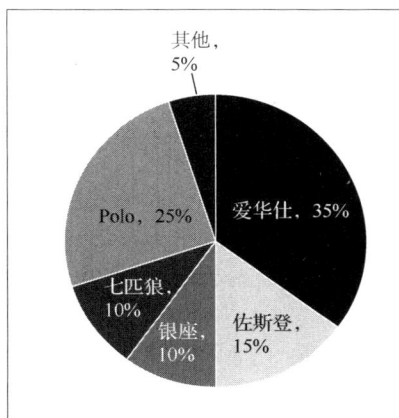

图1-17 | 不同品牌箱包的市场占有份额

4. 代工工厂和自主生产

代工工厂供货是指有大型卖家以个人或公司名义委托第三方厂家对商品进行加工。自主生产是指大型卖家自主设计、生产并销售商品。在商贸业和制造业发达的东南沿海地带，大型的淘宝卖家往往选择代工工厂供货或自主生产，如江苏、上海、浙江、福建、广东等地。

5. 其他

其他的货源渠道主要包括库存、海外代购、外贸尾单等。这种小众货源渠道仅适合一小部分的淘宝卖家，如能够精准把握市场行情、能挖掘库存商品、有亲戚朋友在海外、对外贸流程熟悉的卖家。

以上为淘宝卖家货源的主要渠道，不同行业、不同地区的淘宝卖家应当结合自身的实际情况来决定货源渠道。淘宝卖家可以参考两个原则，一是货源渠道的优势和劣势的对比，通过对不同货源市场的优势和劣势进行对比分析，确保获得相对的优势，尤其是商品的价格和质量的优势；二是确保货源市场能提供一定的售后保障，如货源市场承诺7天无理由退换货，特别是因为问题商品引起的退换货。

本章小结

通过本章的学习，读者可对阿里指数和百度指数有一定的认识，在此基础上，根据当前的实际情况选择合适的网店商品类目，主要从市场趋势、地理优势以及自身条件选择商品。网店的主营商品确定之后，再选择适合网店的货源市场，先对货源市场进行考核，最终选择最佳的渠道作为网店的主要进货渠道。

课后思考题

新手淘宝卖家小王决定在淘宝网上开店创业，但是想来想去，也不知道网店该卖什么商品。小王所在地是著名的小商品批发城——浙江义乌。于是，小王先走访了当地有名的线下批发市场，通过实地考察小王发现：服装、手工制品及针织业是当地的特色产业；货源批发市场分布较密集，进货的渠道广，商品的类目多。通过对线下批发市场的初步考察，小王暂时决定选择服装作为网店的主营商品。

请根据本章所学知识，帮助小王利用数据化分析的方法选择网店的主营商品。

第2章

网店宝贝
的定价

　　《孙子兵法》云："知己知彼，百战不殆。"在网店商品定价时，"知己"指的是卖家需要了解自己网店宝贝（网店中销售的商品俗称宝贝）的价位等级；"知彼"指的是卖家需要清楚地掌握同行竞争对手的定价情况。淘宝卖家在宝贝定价时不能一概而论，需对宝贝进行不同价位的划分，既要有低价位和中等价位，也有高价位；宝贝的定价不能脱离市场，必须参照市场行情定价，卖家在定价时需要了解目前淘宝市场同行卖家有多少，同行卖家的网店的整体定价是多少，淘宝市场上同款宝贝或相似宝贝的定价是多少等。

本章关键词

- 全店宝贝价格全方位规划
- 传统定价法
- 保留安全定价底线
- 客户心理定价法
- 促销式定价
- 组合定价法

本章数据分析中的图表展示

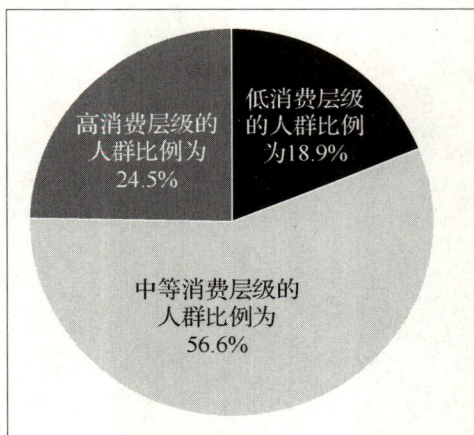

2.1　全店宝贝价格全方位规划

　　开店初期的网店成交量往往不甚理想，因此，有一部分卖家就失去了信心，有的卖家甚至关闭网店。"物竞天择，适者生存"这条生存法则正是对竞争激烈的淘宝市场的最佳说明。

　　在开店初期，网店的核心数据运营指标之一就是定价。网店宝贝的定价科学合理，可以刺激买家的购买欲望，形成一定的竞争优势。接下来将讲解如何对网店的宝贝价格进行全方位的规划。

2.1.1 低价位引流量

在一个淘宝网店中，低价位的宝贝应该占据所有宝贝的10%～20%。低价位的宝贝凭借其价格优势可以为网店带来大量的流量和成交量。对于淘宝新手卖家而言，低价位宝贝的主要功能是用来吸引流量。卖家可以选择款式新颖的宝贝来吸引买家的目光，达到为网店增加流量的目的，进而提高网店的潜在成交率。

图2-1所示为淘宝网上同款雪纺连衣裙的定价与销量的对比，第一家网店的定价为118.00元，共有133人付款；第二家网店的定价为138.00元，只有23人付款。同样的宝贝，为何销量相差如此之大呢？

¥118.00 包邮　　133人付款
时尚套装裙女装2018春装新款韩版春
款中长牛仔裙子两件套连衣裙潮
上海

¥138.00 包邮　　23人付款
连衣裙女2018春装新款女装中长款时
尚洋气牛仔套装裙时髦两件套潮
湖南 长沙

图2-1｜同款连衣裙的定价与销量的对比

从网店的经营战略分析，第一家网店采取低价营销的战略。低价位营销是淘宝卖家最常用的营销手段之一，其目的是在短时间内提高某款宝贝的销量。第一家网店的连衣裙定价较低，更容易被买家接受，在一定程度上，能提高潜在的成交转化率。

因此，淘宝卖家在对低价位宝贝定价之前，需先对淘宝市场上同款宝贝的定价进行全方位的了解，明确该宝贝在哪个价位区间销量最好。在淘宝网上，卖家可以直接通过"找同款"或"相似款"寻找到全淘宝的同款宝贝或相似宝贝。图2-2所示为某品牌连衣裙的同款宝贝，全淘宝网共有同款宝贝3192件，卖家定价时可通过销量从低到高筛选，统计出全淘宝网同款连衣裙销量最好的价格区间，最后结合市场行情制定出该连衣裙的定价。

在淘宝网上，许多淘宝卖家用低价来吸引流量，促成交易。同时，也有很多淘宝卖家很纳闷，宝贝的成交率高，买家的评价也高，但是为什么网店的销量和信誉都没有累计呢？关键在于淘宝卖家没有意识到低价位营销的"雷区"。接下来讲解低价位营销易触碰的两大"雷区"。

图2-2｜某品牌连衣裙的同款宝贝

1. 超低价销售宝贝的部分订单销量和信誉不累计

1元及1元以下价格的订单（1元订单）：宝贝的销量正常累计；如果买家账号绑定了有效的手机号码，买卖双方评价正常累计；如果买家账号未绑定有效的手机号码，该宝贝订单的卖家端评价最多累计250笔，买家端评价正常累计。

1元订单是指订单的支付价格，即除去快递费、网店的优惠券、淘金币、单品折扣等费用后，买家实际支付的价格。例如，某淘宝卖家的宝贝定价为1元，买家使用淘金币抵扣后最终花了10.5元买下，其中快递费为10元，则该笔订单的支付价格为0.5元，属于1元订单。

当订单的评价生效时，淘宝后台系统会判断买家在付款时是否绑定了有效的手机号码，若未绑定，则该宝贝的订单在卖家端评价最多累计250笔，即这250笔订单的好、中、差评价对应的信用积分和网店评分都会累计，后续订单的评价则均不累计。

2. 支付价格低于一口价3折且支付金额低于5元的订单的销量和评价均不累计

例如，某宝贝一口价为20元，其中一笔订单的支付价格为4元，最终的支付价格低于一口价3折且支付金额低于5元，则该笔订单销量、信用积分及网店评分均不累计。

淘宝这两项规定有效地打击了一小部分靠超低价赚取虚假信誉的淘宝卖家，维护了淘宝市场交易的公平性。淘宝卖家清楚了解了关于超低价营销的"雷区"后，在对低价位宝贝定价之前，要参考淘宝官方规定的该条目下的最低价格，然后再结合淘宝市场上相似宝贝或同款宝贝的定价，为网店的低价位宝贝进行定价。

2.1.2　中等价位盈利

在一个淘宝网店里，中等价位的宝贝类目应该占据所有宝贝类目的60%～75%。中等价位的宝贝数量多、类目齐、价位适中,买家对价位的接受度高,宝贝的成交率也高。因此,从某种程度上来讲,中等价位的宝贝是整个网店的"镇店之宝"。

图2-3所示为某淘宝网店部分中等价位宝贝,网店的中等价位区间为180～250元。中等价位的代表宝贝有粉色摆裙、开衫毛衣和内搭打底裙等。其中粉色摆裙总销量为975件,开衫毛衣的总销量为420件,内搭打底裙的总销量为392件。

绽放C066朵/春意/圆领塔克连衣裙春装2018
新款粉色A摆裙文艺女裙

¥242.20 ¥346.00 已售:975件

评论(39)

绽放旅行女装C007/惜怜/2018春季新品毛针
织开衫毛衣女宽松外套

¥239.00 ¥369.00 已售:420件

评论(2334)

绽放736朵无抽打底裙纯锦中长款文艺内搭
春夏连衣裙大码打底女裙

¥199.00 已售:392件

评论(747)

图2-3 | 某淘宝网店中等价位的宝贝的销量

单从宝贝的累计销量来分析,这3款具有代表性的宝贝对整个网店的发展具有举足轻重的意义。许多淘宝新手卖家凭借打造爆款提升自然排名,为网店带来了相当可观的流量,带动了其他宝贝的营销,从整体上提升了网店的销售额。

假设粉色摆裙的进价为180元,开衫毛衣的进价为180元,内搭打底裙的进价为150元。3种宝贝的销量与利润对比如图2-4所示。由图中分析可知,中等价位的宝贝盈利可观,它对整个网店的发展有举足轻重的作用。那么,对于中等价位宝贝的定价又该从哪些方面考虑呢?

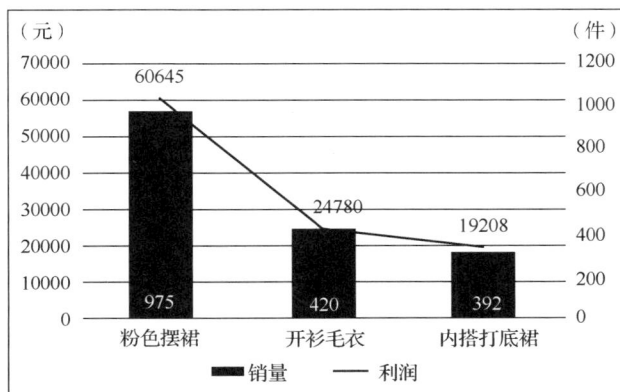

图2-4 | 宝贝销量与利润的对比

卖家在定价网店中等价位的宝贝时要明确网店的主力消费群体的实际消费处于怎样的

水平；中等价位宝贝的类目繁多，卖家要按照宝贝不同类目的不同标准进行细分。

1. 主力消费群体的实际消费水平

主力消费群体是影响网店亏盈的重要因素之一，淘宝卖家须掌握主力消费群体的实际消费水平。淘宝卖家可参考全网均价制定网店中等价位宝贝的定价，全网均价是指整个淘宝市场的淘宝卖家的平均定价。图2-5所示为淘宝市场8种不同品牌牛仔裤的全网均价。

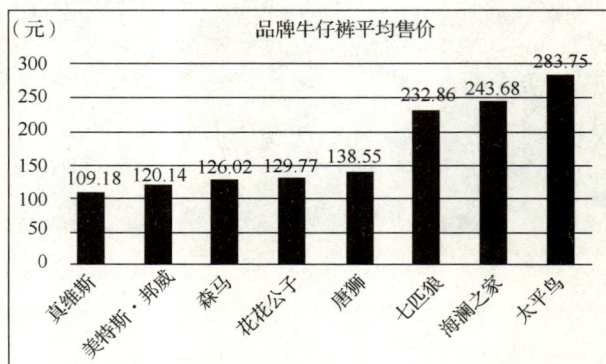

图2-5｜8种不同品牌牛仔裤的全网均价

在一般情况下，品牌宝贝的定价高于或低于全网均价3～5元为宜，如某淘宝卖家网店经营真维斯的牛仔裤，定价在100～120元范围内最佳。根据经济学家对淘宝买家的购买行为分析，相当一部分淘宝买家往往会根据自己的经济实力确定购买哪个价位区间的宝贝，在该价位区间内，淘宝买家会经过仔细的筛选对比，最后选择性价比最高的宝贝购买。

有的淘宝买家认为，"高价的宝贝不一定是好货，但是便宜肯定没有好货。"所以，对于这一部分淘宝买家而言，低价意味着低质量，他们通常不会选择"低价宝贝"。因此，有些淘宝卖家把宝贝的价格设置的稍微高于全网均价时，反而能够赢得这部分淘宝买家的好感，进而提升宝贝的成交率。

2. 宝贝类目的细分

中等价位宝贝的类目多，淘宝卖家必须把中等价位的宝贝按照质量和材质进行细分。

（1）质量

一种宝贝要在市场中更具有竞争力，必须以合适的价格和优质的质量来满足买家的需求。无论如何，一定要让买家觉得在同等价位上，该宝贝的性价比是最高的。而质量是最有说服力的"武器"。中等价位的宝贝作为整个网店的盈利宝贝，如何平衡价格和质量之间的关系，是淘宝卖家需要慎重考虑的问题。淘宝卖家应在现有资源的基础上，尽量保证宝贝的质量，以高性价比的宝贝赢得买家的信赖，提高网店的重复购买率。

（2）材质

按照宝贝的材质进行细分定价可以表现网店的专业程度。绝大多数的宝贝都可以按照面料进行细分定价，如服装、部分鞋袜帽、床上用品，以及箱包等日常生活用品。

▍2.1.3　高价位定位品牌

一般而言，淘宝网店要有低价位宝贝引来流量，但是也必须有高价位宝贝用于提升网店的档次，打造品牌定位。高价位的宝贝可用来满足一些高端消费群体对优质宝贝的需求。

高端消费群体主要是指拥有一定财富、身份及地位的人群。这部分消费群体对生活环境、居住品质，以及人文修养均有较高的要求。根据我国高端消费群体消费行为的调查统计结果可知，高端消费群体中20～39岁的人占83.7%，如图2-6所示，其中女性占比超过56%。

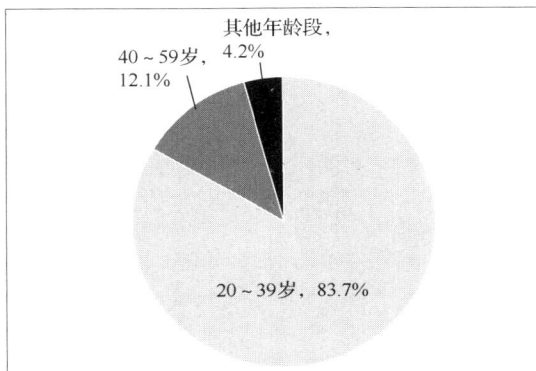

图2-6｜我国高端消费群体年龄段分布图

随着社会经济的发展，买家对宝贝各方面的要求也有相应的提升，只有优质的宝贝才能吸引高端消费群体。结合图2-3所述范例进行对比，该网店高价位宝贝如图2-7所示。

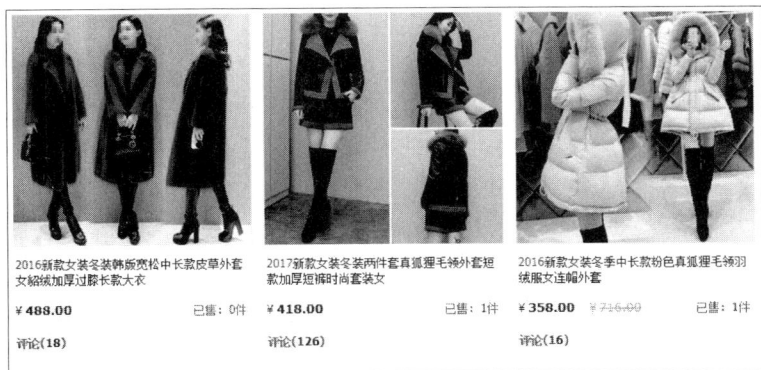

图2-7｜某淘宝网店的高价位宝贝

从价格分析：该网店高价位连衣裙的价格区间为350～488元，价格呈阶梯状，但是变化幅度不大，阶梯价位可以满足不同买家对价格的最大接受程度需求。

从销量分析：3款连衣裙的累计平均销量为700件，说明宝贝的市场需求量比较大。

从宝贝分析：这3款连衣裙的款式设计、时尚元素以及细节搭配都符合当时流行的趋势，且3款连衣裙都反映了网店的特色与风格。那么，在参考了其他的成功网店的定价后，淘宝卖家又该怎么设置自己网店高价位的商品呢？

淘宝卖家在设置高价位宝贝的价格之前，应先了解高端消费群体的消费心理，了解什么样的价格最能吸引这部分优质的买家。我国的高端消费群体的消费心理主要分为以下两种。

- **标签型**。标签型人群最典型的购物心理特征是商品要能反映其身份与地位。这类消费群体很在意自己的身份与地位是否能够得到别人的认可。
- **享受生活型**。享受生活型人群不断追求更高水平的生活方式和生活理念，不仅是物质方面的追求，他们更追求物质与精神的统一。这部分消费群体对生活的品质有非常高的要求，尤其注重服务的质量，同时也很注重某一宝贝是否能体现自己的品味。

因此，针对第一类消费群体，卖家抓住这部分买家注重身份能得到认可的心理，可以打造网店的VIP宝贝，通过VIP宝贝来体现买家的身份与地位。而对于第二类注重消费品质的消费群体，淘宝卖家应着力培养网店的高级客服，为买家营造良好的购物氛围。

2.2　传统定价法

传统定价方法主要是习惯定价法和成本加成定价法。在宝贝成本大致相似的情况下，传统定价法的定价差异不甚明显，使同行之间的价格竞争也降到了最低。而且传统定价方法简单易懂，绝大多数卖家都会采用传统定价法来定价。

2.2.1　习惯定价法

市场上有许多宝贝，因为买家时常需要购买，形成了一种习惯性的价格。图2-8所示为某品牌的同款洗发露，当洗发露的定价为29.90元时，该定价接近习惯性价格，符合买家长期形成的价格习惯，买家接受度高，洗发露的销量也比较高。洗发露的定价一旦低于或高于习惯性价格时，洗发露的销量就受到严重影响。如果定价太低，买家会怀疑宝贝的质量，不利于销售；若洗发露的定价偏高，和买家长期形成的习惯性价格产生冲突，也会影响宝贝的销售。

习惯定价法是一种完全依赖于市场和买家的定价方法，市场和买家掌握了宝贝定价的主动权，而卖家处于被动地位，如果卖家长期采用这种定价方法，必定不利于网店的发展。

¥29.90

潘婷洗发水/露乳液修护
750ml/700ml/500ml/400ml/200ml
总销量: 16475 | 评价: 4047

¥32.90

潘婷洗发水/露丝质顺骨
750ml/700ml/400ml 送清风抽纸1
总销量: 13835 | 评价: 1280

¥39.90

潘婷乳液修护洗发水/露 700ml 优
惠装 洗发露 洗发膏 洗发乳
总销量: 12913 | 评价: 3589

图2-8 | 习惯性定价法对销量的影响

2.2.2 成本加成定价法

成本加成定价法是按宝贝的单位成本加上一定比例的利润制定宝贝定价的方法，即宝贝定价=宝贝成本＋宝贝成本×成本利润率。

例如，假设甲、乙、丙3个卖家网店的同一款雪纺连衣裙的进价为200元，甲卖家以80%的成本利润率进行定价，最终定价是360元；乙卖家以50%的成本利润率进行定价，最终定价为300；丙卖家则以20%的成本利润率定价，最终定价为240元。市场上同款雪纺连衣裙的均价为260元。

甲网店的雪纺连衣裙的月销量为30件，乙网店的月销量为100件，丙网店的月销量为150件。最终的利润如表2-1所示。

表2-1　成本加成定价法对利润的影响

卖家	进价/元	成本利润率	定价/元	月销量/件	利润/元
甲卖家	200	80%	360	30	4 800
乙卖家	200	50%	300	100	10 000
丙卖家	200	20%	240	150	6 000

成本加成定价法在一定程度上受定价者主观因素的影响，宝贝定价和市场行情容易产生冲突，最终可能会影响宝贝的销售和网店的利润。

宝贝定价的基本前提是保证网店利润。网店利润=宝贝定价×宝贝销量－成本，由此可见，宝贝的定价是影响网店利润的三大因素之一。所以，淘宝卖家对于网店宝贝的定价必须有全方位的规划。

图2-9所示为某品牌衬衫的买家消费层级分布图，消费层级分为3个，即低消费层级、中等消费层级、高消费

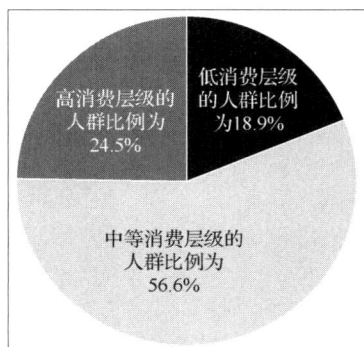

图2-9 | 某品牌衬衫买家消费层级分布图

层级。其中低消费层级的人群比例为18.9%，中等消费层级的人群比例为56.6%，高消费层级的人群比例为24.5%。由此可见，该品牌衬衫的主力消费层级为中等消费层级。

淘宝卖家可以根据消费层级的人群比例规划网店宝贝的定价。以图2-9为例，中等消费层级的人群比例最大，中等价位宝贝数目应占据所有宝贝数目的3/5，供中等消费层级买家选择的范围广，可增加网店的盈利；高消费层级的人群比例其次，高价位宝贝的数目大概应占据所有宝贝数目的1/4，为网店树立品牌效应；最后，低消费层级的消费群体更看重宝贝的价格，针对这一部分消费群体，淘宝卖家有意将网店的低价位宝贝的价格优势突显出来，吸引其注意力，从而为网店吸引流量。

当宝贝的价格确定了，网店的主力消费群体和营销战略也就相应确定了。不同价位的作用明确，低价位引流量，中等价位盈利，高价位定位品牌。所以，定价也是一种营销战略。当网店的定价确定之后，不要随意改动。

2.3　保留安全定价底线

一般情况下，宝贝的定价过高，会影响宝贝的销量；而宝贝的定价过低，网店可能会出现亏损。最安全可靠的方法就是将宝贝的定价设置得比较适中，此时市场竞争压力相对较小，买家有较强的购买意愿，淘宝卖家也可以在短时期内回收投资，而且有一定的利润。因此，这种定价方法被称为安全定价法，它是介于高价位与低价位之间的中等价位的定价策略。因为安全定价法的市场风险较小，这种定价方法很适合淘宝新手卖家。

2.3.1　安全定价法的公式

安全定价法也称满意价格策略。安全定价法把宝贝本身的价格和确保买家正常使用的费用总计综合考虑，能降低买家的消费风险，提升买家的购物满意度与安全感。

图2-10所示为安全定价法的公式，安全定价=宝贝成本+正常利润+快递费用，其中正常利润一般为宝贝成本的30%～60%。例如，一套西服的成本是180元，正常利润为120元，快递费用为10元，因此，这套西服的安全定价法定价应为310元。

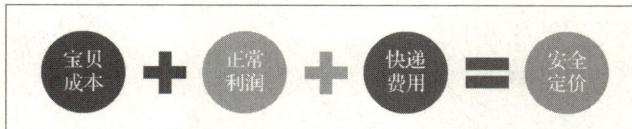

图2-10｜安全定价法公式

2.3.2　安全定价法的应用分析

安全定价法并不是代表宝贝的定价完全没有任何的风险。在安全定价法中，网店的正常利润为宝贝成本的30%～60%，而宝贝成本为变量，当商品成本发生变化时，会直接影响宝贝的定价。

假设一双皮鞋的成本价为100元，按照成本价的30%计算网店的正常利润，快递费用假设为15元，皮鞋的月销量为1000双，网店的利润为30 000元。在其他外部环境保持不变的情况下，当皮鞋的正常利润分别按照成本价的45%和60%来计算，皮鞋的月销量和网店的利润如表2-2所示。

表2-2　正常利润对网店销量和利润的影响

宝贝成本/元	利润率	正常利润/元	快递费用/元	安全定价/元	月销量/双	网店利润/元
100	30%	30	15	145	1000	30 000
100	45%	45	15	160	600	27 000
100	60%	60	15	175	300	18 500

从皮鞋的月销量和网店利润来分析，当正常利润为30%时，皮鞋的定价为145元，属于中等消费层级的定价，接近市场的平均消费价格，买家对皮鞋价格的接受程度比较高，皮鞋的成交率比较高，同时网店的利润也最高。

当正常利润为45%时，定价为160元，只有消费水平中等偏高的买家能接受这个定价，故皮鞋的成交率明显大幅下降。

当正常利润为60%时，定价为175元，该皮鞋的定价只针对一小部分高消费层级的买家，所以皮鞋的成交率较低。

在淘宝市场中，如果淘宝网店的信用良好、宝贝质量上乘、款式新颖、服务态度好，那么，安全定价法是适用的；但是，如果网店信誉较低、宝贝的质量得不到保证、款式老套、客服的服务态度不佳，安全定价法也会变得“不安全”，整个网店的消费群体会呈"两极化分裂"，追求高端品牌的买家觉得宝贝的档次太低，讲究经济实用的买家觉得宝贝的价格过高。

买家在购买宝贝时，不仅会考虑价格因素，同时也很看重宝贝的质量。如因为质量问题出现退换货，卖家是否能在第一时间解决，退换货中途产生的快递费用谁承担都是买家关心的问题。因此，淘宝卖家可以把退换货的快递费用、售后服务费用等所需费用全部记入宝贝的价格内，在确保宝贝质量的同时，也为买家提供完善的售后服务。这样能消除买家的购买疑虑，进而提高网店的信誉和销售额。

2.4　客户心理定价法

客户心理定价法是依据买家购物过程中的心理特点来为宝贝定价的一种策略。买家选择一件宝贝的主要原因是该宝贝能满足买家某一方面的需求，宝贝价值的大小和买家的心理感受有紧密的联系。这为客户心理定价法的产生和运用奠定了基础。很多淘宝卖家利用买家的心理因素来制定宝贝的价格，以满足买家对物质、心理及精神等多方面的需求。常用的客户心理定价法主要包括最小单位定价法、数字定价法、招徕定价法，如图2-11所示。

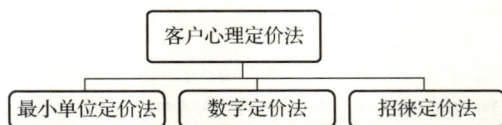

图2-11｜客户心理定价法

2.4.1　最小单位定价法

最小单位定价法是指卖家把同一品牌的宝贝按照不同的数量包装，取最小包装单位制定宝贝的定价。一般情况下，包装越小，实际的单位数量宝贝的价格越高；包装越大，实际的单位数量宝贝的价格越低。最小单位定价法主要分为最小单位报价定价法和最小单位比较定价法两种。

1. 最小单位报价定价法

最小单位报价定价法主要是利用定价的最小单位报价，造成买家的"心理错觉"。例如，黄金饰品都是以最小单位"克"来定价的，假如黄金饰品以"千克"来定价，如"黄金的定价为30万元/千克"，给买家的第一心理感受是昂贵，会导致买家对价格的接受程度低。

某淘宝网店把茶叶的最小单位设置为克，每250克茶叶的售价为22.8元，如图2-12所示，绝大部分的买家对该品牌茶叶的第一心理感受就是价格比较合理，因此，买家对该茶叶宝贝的价格接受程度相对较高，进而在无形中提升了潜在成交率。

图2-12｜茶叶的最小单位报价定价法

2. 最小单位比较定价法

最小单位比较定价法通过把两个不同单位量的宝贝进行比较，使买家产生一种"很划算"的心理感受。例如，某宽带公司的促销广告"10M宽带360元一年，一天花费不到1元钱"；地铁招商位的广告"您每天只需花100元，就会有10 000人关注您"。

2.4.2 数字定价法

数字定价法是直接利用整数或零数对买家心理的影响进行定价的方法。数字定价法主要分为尾数定价法、整数定价法和弧形数字定价法。

1. 尾数定价法

尾数定价法也称零头定价或缺额定价，即卖家将宝贝的价格制定为以零头结尾的数字。据数据统计，78.32%的买家会选择定价以零头结尾的宝贝。

从数据结果分析，尾数定价法可以让买家产生两种心理感受：一是卖家在制定宝贝价格的过程中精准、慎重，即使宝贝的某方面可能还欠缺一点，卖家也很坦诚地制定宝贝应有的价格，购买此宝贝不会吃亏；二是这件宝贝很便宜。因此，价格以零头结尾的宝贝销量会比较高。

在日常生活中，尾数定价法能够有效地刺激买家的购物欲望，获得明显的销售效果。图2-13所示的第一款牛仔裤的定价为整数90元，共有116人付款，而第二款牛仔裤的定价为89.9元，共有2934人付款。两款牛仔裤的定价仅相差0.1元，但是第二款牛仔裤的销量是第一款的25倍之多。

图2-13 | 买家选择牛仔裤的价格特征

在日常生活中，对于中档宝贝或中低档宝贝，采用尾数定价法更容易促成交易。多数的买家在购买常用宝贝，尤其是购买日用消费品时，更倾向于定价以零头结尾的宝贝。买家会认为这种宝贝的定价是经过精确计算的，从而对卖家产生信任感。经济学家的调查表明，价格尾数的微小差别，往往会给买家以不同的感觉。买家通常认为199元的宝贝比200元的宝贝便宜很多，而201元的宝贝太贵，实际上只差1元钱。

在某些情况下，人的消费行为是求廉的，价格尾数的微小差异，就能刺激一部分买家的购物行为。卖家针对买家的这种求廉心理，有意把宝贝的定价设置成以零头结尾，如0.5元、0.99元和0.98元等。

2. 整数定价法

整数定价法是以整数值来制定宝贝的价格、打造宝贝品牌的定价策略。整数定价法恰恰与尾数定价法相反，卖家为了突出宝贝的质量而特意将宝贝的定价设置为整数。这种舍零凑整的定价方法实质上是利用了买家"按价论质"的心理，当买家不太了解某一宝贝的时候，通常会把价格作为衡量宝贝质量和性能的标准之一，会产生"一分钱一分货"的心理感受。宝贝的定价越高时，买家会认为该宝贝的质量越好。

例如，现有甲、乙、丙、丁4家网店正在销售同一款冰箱，甲网店的定价为1988元，乙网店的定价为1998元，丙网店的定价为2000元，丁网店的定价为2001元，如图2-14所示。甲网店的销量为200台，乙网店的销量为300台，丙网店的销量为1000台，丁网店的销量为100台。

根据销量情况分析，冰箱作为耐用消费品，使用周期较长，同类型产品种类多，生产商数量多，型号和批次多；在外部环境相似的情况下，买家的潜意识会认为丙网店的冰箱更加货真价实，质量高于其他3家网店的冰箱。

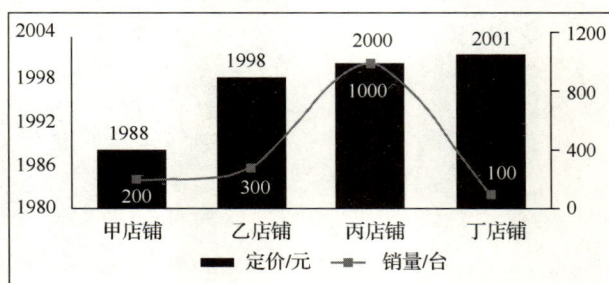

图2-14｜整数定价法对销量的影响

一般而言，整数定价法适用于耐用消费品、高档名牌宝贝或买家不太了解的宝贝。因为这部分宝贝的价值高，买家也难以在短时间内了解宝贝的质量和性能，买家会产生"高价=高品质"的心理。

3. 弧形数字定价法

弧形数字定价法是指卖家选取一些买家喜爱的数字来制定宝贝价格的一种定价方法。

根据市场调研发现，在许多的生意兴隆的网店，宝贝的定价是很讲究的，定价中数字有一定的使用频率，如图2-15所示。

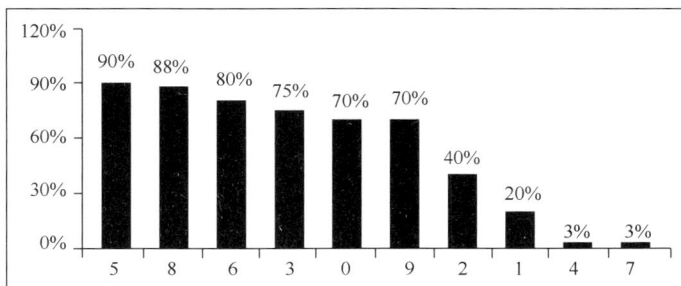

图2-15 ｜ 定价中数字的使用频率

数字的使用频率是根据买家的心理制定的。从买家的消费心理来分析，带有弧形线条的数字对买家没有刺激感，如9、8、6、5、3、2、0，买家对该类价格更容易接受；而不带弧形线条的数字对买家有较强烈的刺激感，如1、4、7，相比之下，这类数字的价格不受买家欢迎。因此，不管在线上还是线下，在各类大大小小的商城、网店中，8、6、5等数字的使用频率最高，但是1、4、7的使用频率则非常低。

弧形数字定价也是一门学问，是开店经营非常重要的一个环节。宝贝的定价是否合理，很大程度上取决于是否满足了买家的心理需求。有的淘宝卖家充分利用了买家追求廉价、追求品牌、追求舒适的心理，十分巧妙地在宝贝定价上玩"数字游戏"，赢得了买家的青睐。

2.4.3　招徕定价法

招徕定价法是卖家抓住买家求廉的心理，有意将宝贝价格定得低于市场的平均价格，部分宝贝甚至低于成本价，以招徕买家增加销售量。例如，大甩卖、大拍卖、清仓处理等活动。

当季节转换时，某些宝贝款式过时或断码、缺码，淘宝卖家则会对其进行清仓处理。图2-16所示的清仓处理的羽绒服价格低于淘宝市场上其他的同类商品的价格，因而羽绒服的成交量比较高。

图2-16 ｜ 同款羽绒服的清仓处理

纵观整个淘宝市场，在某个时间段，大多数的淘宝卖家纷纷把网店的一部分羽绒服进行促销，整个淘宝市场的羽绒服的定价都相对较低，如图2-17所示。

图2-17｜淘宝市场部分羽绒服的清仓处理价

　　淘宝卖家在对网店的部分羽绒服进行招徕定价的时候，应该先对当前的市场整体定价进行一定的调研，在全方位了解市场定价的基础之上，再结合自己网店的实际情况定价。

　　假设甲、乙、丙、丁4家淘宝网店的同款羽绒服正在进行清仓处理，如图2-18所示，4家网店的羽绒服定价不同，销量有明显的差异。淘宝市场现阶段清仓羽绒服的平均定价为110元，在同等质量的情况下，羽绒服的定价越接近市场均价，对买家的吸引力就越高，羽绒服的销量也就越高。

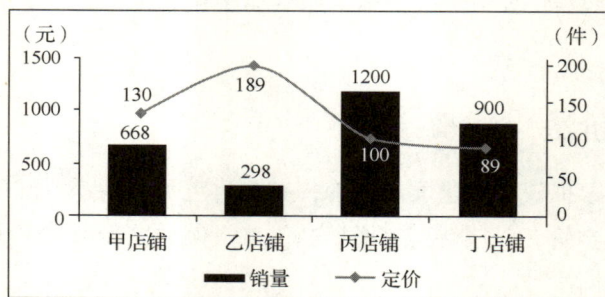

图2-18｜招徕定价法对销量的影响

　　虽然招徕定价法是低价销售宝贝，甚至亏本，但是从整体的经济效益来讲，卖家还是盈利的，因为这部分低价宝贝往往能带动网店其他宝贝的销售。但并不是所有的宝贝都适合用招徕定价法定价，卖家采用招徕定价法需要注意以下几点。

　　（1）宝贝应是日常用品，对买家有很强的吸引力。

　　（2）降价宝贝的数量要适中，既可以满足买家的不同选择，又不至于让网店出现严重亏损。

　　（3）宝贝降价的幅度要大，以刺激买家的购买。

　　（4）降价宝贝与质量问题宝贝要区分开。

2.5　促销式定价

促销式定价是指卖家将部分宝贝以低于市场预期的价格打折出售，以获得较高的销售量，使资金迅速回收，为网店其他宝贝的投资做准备。

科学合理的促销价格能直接影响到促销效果。从某种程度上讲，促销定价的合理性直接决定了网店的经营利润。有的淘宝卖家很疑惑："我网店宝贝的价格已经非常低了，为什么销量和信誉还是上不去？"影响销量和信誉的因素有很多，促销是其中因素之一。接下来为淘宝卖家依次讲解3种常用的促销式定价的方法。促销式定价主要分为统一促销、特价式定价、满额定价，如图2-19所示。

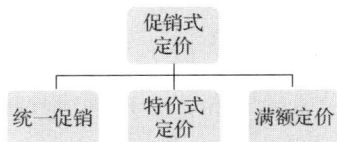

图2-19 | 促销式定价的分类

2.5.1　统一促销

统一促销是指整个淘宝网店的宝贝全部按照一个价格销售。统一促销是为了提高网店的销量而采取的一种促销定价策略。

目前，国内的电子商务购物网站逐渐成熟，买家对网购的态度从最初的盲目从众逐渐趋于理性消费。大量的淘宝卖家为了招揽买家而不断降低宝贝的价格，导致淘宝市场上"价格战"不断，而最受买家欢迎的统一促销模式主要是全场满9.9元包邮、全场××元、全场5折。

1．全场满9.9元包邮

图2-20所示为淘宝卖家推出的全场满9.9元包邮的促销方法，从图中分析可知，采取全场满9.9元包邮的宝贝大部分属于低价的小商品，其平均价格区间为0.1～2元，扣除快递费用，卖家盈利的空间很小。

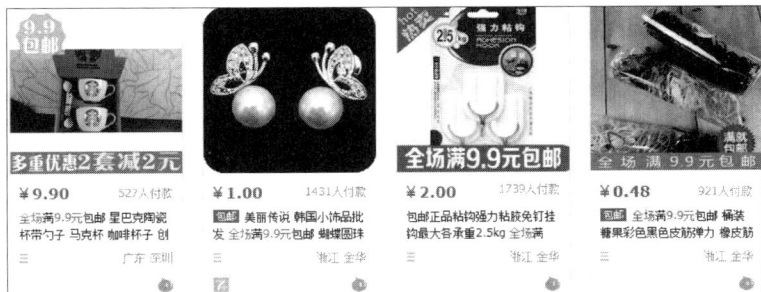

图2-20 | 全场满9.9元包邮

2. 全场××元

全场××元也称作全场一口价，全场××元是指淘宝卖家为了刺激买家的购买欲望，将网店的部分宝贝按照设定的统一价格销售，如图2-21所示。也有某些网店将促销宝贝的价格设置成阶梯价格，可满足不同消费层级的不同需求，也在一定程度上提高了网店的利润。

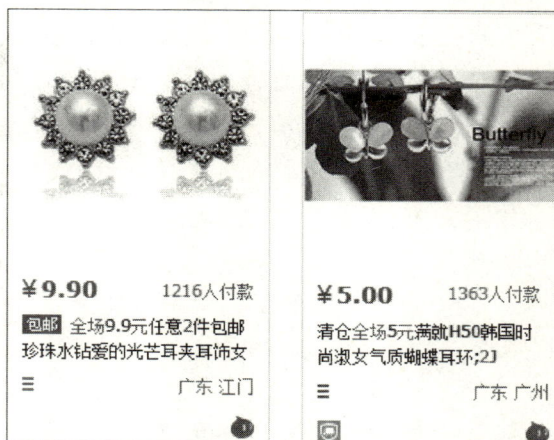

图2-21｜全场××元

全场××元的情况主要有某些淘宝网店库存太多，急需资金周转，不得不选择以低价的方式把库存的宝贝全部清仓处理；或者某些宝贝款式或风格已经过时，但是网店的库存过多，需要清仓处理这部分宝贝，为新的宝贝提供库存空间。

3. 全场5折

全场5折是指在特定的市场和时间范围内，在保证宝贝处于盈利状态的基础上，淘宝网店的部分宝贝全部5折销售。全场5折属于打折促销，打折促销又称作折扣促销，这种定价方法是淘宝卖家使用频率最高的促销方式。

折扣促销可以给买家很明显的价格优惠，能够有效地刺激买家的购买欲望，同时宝贝的市场竞争相对较小，卖家可以创作出"薄利多销"的市场盈利机制，如图2-22所示。

图2-22｜全场5折

有的淘宝卖家选择折扣促销方式主要是为了推广网店的新宝贝，如卖家通常在不同时间段设置限时抢购，但不会投放过多的宝贝。其主要目的是在抢购前对自己的网店进行推广和宣传，让买家对网店产生好感。一方面能够对网店的新宝贝进行有效的推广，另一方面又能带动网店其他宝贝的销售。

2.5.2 特价促销

特价促销是指卖家将少数的宝贝进行降价处理来吸引买家购买的定价方式。特价宝贝凭借偏低于市场价、接近成本价的价格优势，也迎合了买家的求廉心理，对买家具有吸引力和号召力，很容易在同类宝贝中脱颖而出。淘宝卖家经常采用的特价式定价限时打折和宝贝拍卖。

1. 限时打折

限时打折是指在规定时间内，淘宝卖家把网店的宝贝进行折扣促销。限时打折是一种有效的促销策略，特别适合新手卖家和心级小卖家。

淘宝卖家在卖家后台打开"营销中心"，选择"促销管理"，然后选择"限时打折"，如图2-23所示，选择需要进行限时打折的宝贝，设置活动的状态和活动的时间。

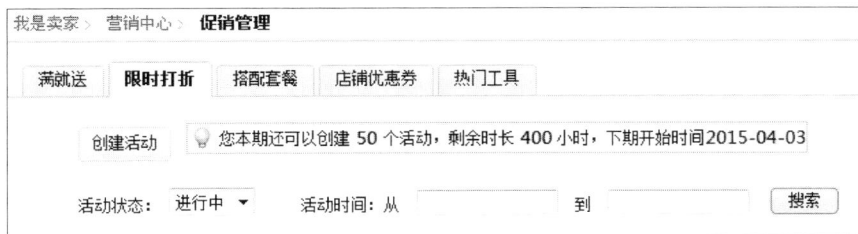

图2-23 | 限时打折的设置

在创业初期，新手卖家和心级小卖家可能会遭遇不同程度的资金周转问题，限时打折可以在最短的时间内迅速为网店聚集人气，最大限度地吸引不同消费层级的买家来网店"参观"，进而实现最少化的资金投入和最大化的利润收入。

2. 宝贝拍卖

发布拍卖宝贝也是淘宝网店的一个促销方式。卖家在发布宝贝时选择"拍卖"方式发布。宝贝拍卖能为店铺带来相当可观的流量，新开的淘宝店铺可以凭借发布拍卖宝贝来增加店铺的浏览量和访问量；同时，做好店铺商品的组合营销，还可以提升其他商品的销售量，实现店铺的整体利润。

2.5.3 满额促销

满额促销是指淘宝卖家对在本店消费了一定金额的买家实行一定的优惠，这种促销方法能提高买家对网店的好感，在一定程度上能提升买家再次消费以及多次消费的可能。

1. 买2送1

图2-24所示的卖家为了提升网店的销量，针对在本网店购买两种同样产品的买家推出"买2送1"的优惠方案。一方面，从宝贝的销量分析，"买2送1"达到卖家的促销目的，增加了宝贝的销量；另一方面，卖家可以把3种宝贝同时打包快递，也节省了快递费用。而买家也会产生占到便宜的心理。

图2-24 ｜ "买2送1"促销

2. 满××元减××元

淘宝店家将网店的促销方式设置为满减促销，当买家在该网店的消费金额达到规定的金额时，会有相应的减价优惠。满减促销在保证宝贝利润的基础上，极大地提升了买家对网店的印象，同时也在无形中提升了网店的购买率，如图2-25所示。

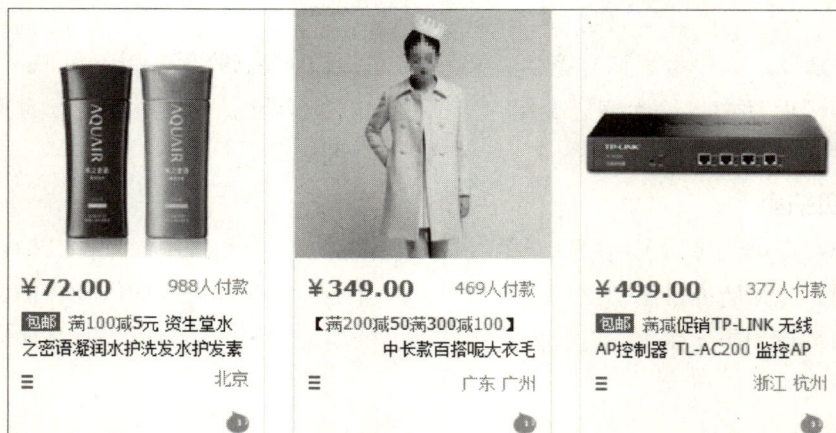

图2-25 ｜ 满减促销

2.6　组合定价法

组合定价法是指卖家为了迎合买家的消费心理，在制定一部分互补宝贝、关联宝贝价格的时候，通常会有意识地把有的宝贝定价定得高一些，有的宝贝定价相对低一些，以获得整体经济利益的一种定价方法。多种宝贝组合定价销售，有赔有赚，但是总体上能保证网店是盈利的；且不会有宝贝价格的横向对比，不会影响以原价购买单件宝贝的买家的消费积极性。

图2-26所示为买家购买宝贝的比例，其中66%的买家会选择组合宝贝，从买家的消费心理分析，买家在购物的时候，能促使买家下单的因素往往不是低价，而是"占便宜"的心理。通过把组合宝贝的定价和多件单件宝贝定价总和相比较，组合宝贝的定价能够让买家感觉自己"占便宜"，因此购买欲望被激发。组合定价法又分为系列宝贝中的单品定价法和单品相加打折法，下面详细讲解如何使用这两种定价方法。

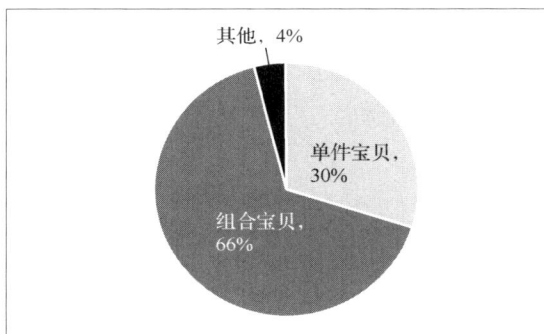

图2-26 | 买家购买宝贝的比例图

2.6.1　系列宝贝中的单品定价法

系列宝贝中的单品定价法是为新手淘宝卖家量身打造的一种定价方法。系列宝贝中的单品定价法是指对于同款宝贝的定价，淘宝卖家直接参考别的淘宝网店制定的价格，再分别排列出高、中、低3个价位，最后利用平均值算出自己网店宝贝的价格。

表2-3统计了6家不同的淘宝网店的同款宝贝的定价，A网店定价为136元，为最高价，中间价位为B、E两家网店定价的平均值，最低价为108元；再根据3个不同价位计算出平均价为122.5元，即该款宝贝的定价为122.5元。

表2-3　系列产品中的单品定价法

淘宝网店	定价/元
A	136

续表

淘宝网店	定价/元
B	118
C	109.8
D	130
E	129
F	108
最高价	136
中间价	123.5
最低价	108
平均价	122.5

　　系列宝贝中的单品定价法的价格是根据某款宝贝的平均价格综合制定的，位于系列宝贝的中间价位，更能吸引买家的注意力，同时，买家对价格的接受度也比较高。对于新手淘宝卖家而言，这种定价方法是很保险的，在清楚掌握竞争对手情况的基础之上，既能提高宝贝的竞争力，又能确保网店的利润。

2.6.2　单品相加打折法

　　单品相加打折法是指淘宝卖家把某个固定组合中的所有单品相加，再按照一定的折扣对所有的单品之和进行打折，最后以折后价作为组合宝贝的定价的方法。

　　某店组合产品定件如表2-4所示，先分别罗列出印花T恤、针织衫、风衣和打底裤的单价，再计算出所有单品的总价。在单品总价的基础上打8折，求出折后价，即组合宝贝的定价。

表2-4　单品相加打折法

宝贝名称	定价/元
印花T恤	58
针织衫	78
风衣	88
打底裤	93
总价	317
折后价	253.6

　　单品相加打折法在保证整体盈利的基础上进行打折优惠，既确保了网店的利润，又提高了宝贝的销售量。

一般而言，买家对经常购买的宝贝价格比较敏感，对不经常购买的宝贝价格敏感性相对较弱；对价值高的宝贝价格比较敏感，对价值低的宝贝价格敏感性较弱。卖家可充分利用买家对价格的敏感度，把经常购买的宝贝的价格制定得偏低，同时把不经常购买的宝贝价格制定得偏高。

本章小结

通过本章的学习，读者能了解到定价对淘宝网店发展的重要意义，并且初步掌握分别从低价位、中等价位和高价位3个层次对网店的宝贝进行全方位定价，在此基础之上，学会保留安全定价底线、客户心理定价法、促销式定价和组合定价法。读者可根据这些理论知识结合实际情况灵活地对宝贝进行科学合理的定价。

课后思考题

新手淘宝卖家小王急于求成，想迅速打开市场，采取"薄利多销"的定价方式，将网店的所有宝贝的定价都设置得低于市场平均价，有的宝贝甚至亏本销售，但是网店的宝贝销量却没有明显的上升。小王很疑惑，为什么网店的商品定价低，但是销量却不好呢？

请结合本章所学的知识，帮助小王分析该淘宝网店销量低的原因，并制定一套合理科学的定价方案。

第3章

网店流量结构分析

淘宝网发展至今，买家群体和卖家群体都非常庞大，买家群体带来的巨大的流量对卖家群体而言极其重要。而对于淘宝卖家尤其是中小卖家和新手卖家而言，又该如何抢夺流量这块"大蛋糕"呢？

流量是衡量淘宝网店运营成功与否的参考指标之一。一个成功的淘宝网店的流量来源广泛、种类丰富。即使是再好的宝贝、再低廉的价格，如果没有流量，也就没有销量。因此，流量从某种程度上对网店的发展有着至关重要的影响。只有把流量引进网店，网店的人气才会增加，卖家才能寻找到潜在的买家。

本章关键词

• 网店流量的分类
• 网店初期的引流渠道
• 淘宝客的第三方流量
• 直通车的精准流量
• 钻石展位的品牌推广流量

本章数据分析中的图表展示

		数值	比值	总计占比
自主访问流量	直接访问	852	25.75%	61.35%
	店铺收藏	314	11.23%	
	购物车	569	15.61%	
	已买到的宝贝	294	8.76%	
付费流量	淘宝客	89	10.76%	33.64%
	直通车	1153	22.45%	
	钻石展位	0	0.43%	
站内流量	淘宝论坛	20	1.23%	2.28%
	淘宝帮派	35	1.05%	
站外流量	QQ空间	11	0.78%	2.73%
	新浪微博	24	1.06%	
	豆瓣网	9	0.64%	
	人人网	6	0.25%	

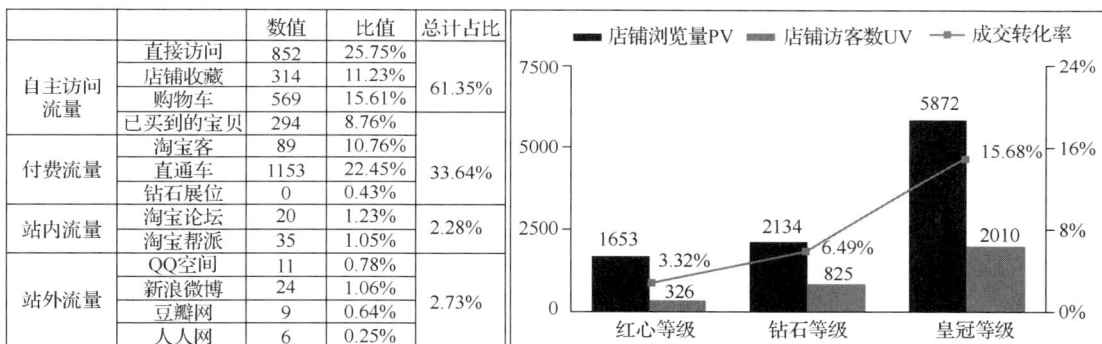

3.1 淘宝网店流量来源概况

在介绍淘宝网店流量来源之前，先讲解关于淘宝网店的一些数据指标。量化的数据指标如同飞机的仪表盘，可用来判断飞机是否在预定的正常航线上，而通过淘宝网店的数据指标能判断网店的运营是否良好。

3.1.1 常见数据指标

1. 网店访客数

网店访客数（Unique Visitor，UV）是指通过互联网访问某个网店的自然人的人数。

一个独立的IP地址访问同一个网店只能产生一个UV，在24小时内，同一个IP地址只会被记录一次，所以，UV不会累加或累减。

2. 网店浏览量

网店浏览量（Page View，PV）是指通过互联网浏览网店页面的自然人的人数。一个独立的IP地址浏览网店的不同页面可以产生多个PV，如淘宝买家进入淘宝网店首页后，看了4个不同的宝贝，且每个宝贝有1个页面，那么，该淘宝买家对网店就产生了5个PV（首页的PV+4个宝贝的PV）。

3. 点击率

点击率（Clicks Ratio）是指淘宝买家在浏览网页时点击进入网店的次数与总浏览次数的比。宝贝的点击率越高，证明网店的宝贝对买家的吸引力越强。

4. 跳失率

跳失率（Bounce Rate）是指淘宝买家通过相应的入口访问网店，只访问了一个页面就离开的访问次数与该页面的总访问次数的比。跳失率可以很直接地体现出某个页面对买家是否具有吸引力。跳失率越小则表示页面对买家的吸引力越强，反之则相反。

5. 宝贝详情页浏览量

宝贝详情页浏览量指网店宝贝的页面被查看的次数，当淘宝买家打开或刷新一个宝贝详情页时，宝贝详情页浏览量就会增加。

6. 访问深度

访问深度是指淘宝买家一次性浏览网店页面的页数，也是网店浏览量（PV）和网店访客数（UV）的比值。淘宝买家一次性浏览网店的页数越多，说明网店的用户体验越好。

7. 收藏数

收藏数是指淘宝买家对淘宝网店或宝贝收藏的数量。网店的收藏数越高表示买家对网店越感兴趣。

8. 转化率

转化率是指网店最终下单访客数与当天网店浏览量（PV）的比值。淘宝新手卖家的网店的转化率应为1%~2%。当转化率低于1%时，就要分析网店存在的问题了。

在了解相关数据指标的基础上，我们再来分析淘宝网店的流量来源。淘宝官方把流量的来源主要分为4大类，即自主访问流量、付费流量、站外流量和站内流量，淘宝卖家可以随时监控网店的流量变化情况。

例如，图3-1所示为某网店一天的流量分布图，从图中可知，网店的自主访问流量大约占据全部流量的60%，付费流量大约占据全部流量的30%，站内、站外流量总计大约占5%。这从侧面说明了网店此时正处于高速成长期，大多数淘宝买家能自主访问网店，说明网店的人气较高，一部分付费的精准流量为网店带来了优质的买家，而一小部分的站内流量和站外流量说明网店流量来源的渠道多，有利于网店通过不同渠道进行推广。

		比值	总计占比
自主访问流量	直接访问	25.75%	61.35%
	店铺收藏	11.23%	
	购物车	15.61%	
	已买到的宝贝	8.76%	
付费流量	淘宝客	10.76%	33.64%
	直通车	22.45%	
	钻石展位	0.43%	
站内流量	淘宝论坛	1.23%	2.28%
	淘宝帮派	1.05%	
站外流量	QQ空间	0.78%	2.73%
	新浪微博	1.06%	
	豆瓣网	0.64%	
	人人网	0.25%	

图3-1 | 淘宝网店流量的分类

3.1.2 自主访问流量

自主访问流量是指淘宝买家主动访问网店时产生的流量。自主访问流量是所有流量中质量最高的流量，这类流量具有很强的稳定性，且成交转化率极高，可以很直观地看出访问网店的买家的特征和质量。自主访问流量主要来自直接访问、宝贝收藏、购物车、已买到的宝贝。

1. 直接访问

直接访问是指淘宝买家在搜索栏中直接输入宝贝名称或网店名称进入网店访问的行为。买家直接在搜索栏（见图3-2）中输入宝贝的名称或网店名称，即可看到相关宝贝。

图3-2 | 直接访问

例如，在搜索栏中输入"女式衬衫"，便可以查看相关的宝贝，如图3-3所示，再通过单击宝贝主图即可进入网店。这类流量对宝贝的成交转化率有一定的影响，因为这类淘宝买家有很强的购物意愿。但是他们在购物过程中容易受到价格、主图效果等因素的影响，从而影响成交转化率。所以，淘宝卖家在针对这类买家群体时，要尽量把宝贝的主图设置得更加具有吸引力，以引起其注意，增加网店的访问量。

图3-3 ｜ 直接访问查看宝贝

2. 宝贝收藏

宝贝收藏是指淘宝买家对某款宝贝进行收藏的行为。宝贝的收藏量高，表明买家对宝贝感兴趣。淘宝买家直接通过淘宝收藏夹中的已收藏的宝贝即可进入淘宝网店，如图3-4所示。

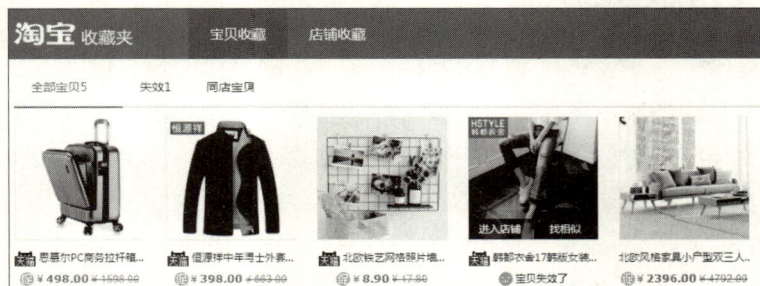

图3-4 ｜ 宝贝收藏

宝贝收藏人气是宝贝收藏人数和关注热度的综合评分。宝贝收藏人气对于宝贝和网店的综合评分是有影响的，是一个网店热度的指标，其高低能动摇买家的购买决心。

3. 购物车

淘宝购物车是淘宝网为广大淘宝买家提供的一种快捷购物工具，同时也便于淘宝卖家进行促销活动。淘宝买家将多种宝贝添加至购物车后批量下单，可通过支付宝一次性完成付款，如图3-5所示。

淘宝买家通过淘宝购物车对淘宝网店进行访问，表示买家对该网店的某件商品很感兴趣，这类买家具有很强的购买欲望，但是出于对价格、质量等方面因素的考虑迟迟没有下单。针对这类买家，淘宝卖家可通过阿里旺旺与其交流和沟通，循循善诱，消除买家心中的顾虑，促成下单。

4. 已买到的宝贝

已买到的宝贝是指淘宝买家在某个淘宝网店已经购买到的宝贝。淘宝买家可以直接通过"已买到的宝贝"对网店进行访问，如图3-6所示，同时，也可以单击阿里旺旺小图标，和卖家进行旺旺交流。

图3-5 | 淘宝购物车

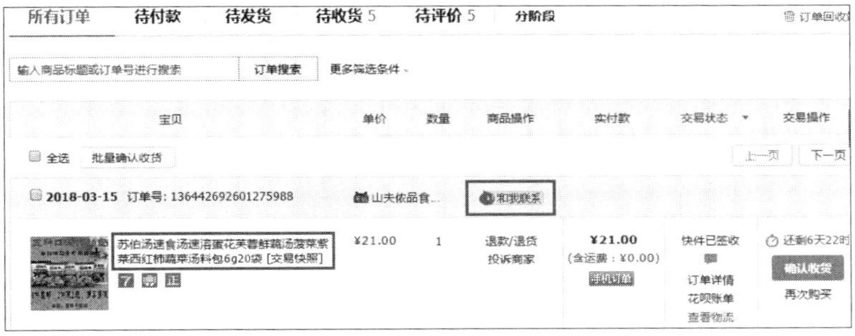

图3-6 | 已买到的宝贝

　　某淘宝网店对网店最近一个月的不同访问方式的成交转化率进行了统计，如图3-7所示。其中，淘宝买家通过"已买到的宝贝"这种方式访问的成交转化率最高。可见，对该淘宝网店而言，这类访问流量在自主访问流量中属于最优质的流量。如果买家直接通过"已购买的宝贝"对网店进行访问，说明这类淘宝买家的购物目标明确，会有针对性地购物；且这类买家是网店的回头客，对网店的宝贝质量、服务态度和物流等各方面都很满意，希望直接在网店再消费。

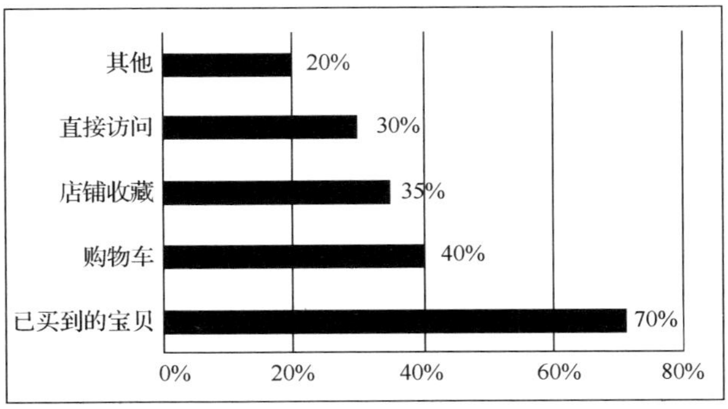

图3-7 | 不同访问方式的成交转化率

那么，淘宝卖家该怎么维护和提高这类优质的流量呢？首先，淘宝卖家必须跟进售后服务，宝贝的质量再好，如果卖家的后续服务不到位，在买家消费之后没有及时解决售后问题，就会减少买家在网店重复购买的次数；其次，淘宝卖家应该更加严格地把控宝贝质量，只有售后服务，没有优质的质量也是不行的。服务和质量相辅相成，二者缺一不可。

综上所示，自主访问网店的买家一般都是对某宝贝具有较高的兴趣和购买欲望的买家，可能是老客户，这类买家在通常情况下具有较明确的购买需求，成交转化率相对较高。自主访问流量是所有流量中最优质的流量，淘宝卖家如果能充分利用这部分流量，可以提高网店的人气和流量，增加网店的访问深度及成交转化率。

▍3.1.3 付费流量

相对而言，付费流量是4种流量中最容易获取的。付费流量的最大特点是精准度高、流量大。付费流量意味着成本的投入，如果一个淘宝网店的付费流量占据全部流量的70%以上，此时付费流量投入过高，网店的利润就会降低，严重的时候甚至会亏本；但是一个淘宝网店完全没有付费流量却又是不合理的，付费流量最重要的一个特点是精准度高，精准度直接影响着宝贝的成交转化率，其中成交转化率也是影响搜索权重的重要因素之一。

因此，付费流量是淘宝网店流量中不可缺少的一部分。最受欢迎、使用频率最高的付费流量的主要获取方式是淘宝客、直通车和钻石展位，如图3-8所示。

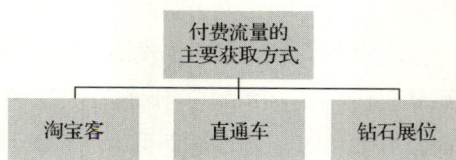

图3-8 | 付费流量的主要获取方式

1. 淘宝客

淘宝客，简称CPS，属于效果类广告推广方式。淘宝客是按照实际的交易完成量（买家确认收货后）作为计费依据的，没有成交量就没有佣金。

淘宝客推广流程主要由淘宝联盟、卖家、淘宝客和买家4种不同的角色组成。其中每种角色都是淘宝客推广不可缺失的一个环节，如图3-9所示。

淘宝联盟是淘宝官方的专业推广平台之一。淘宝卖家可以在淘宝联盟招募淘宝客来推广网店和网店的宝贝；淘宝客可利用淘宝联盟找到需要推广的卖家。

淘宝客是付费方式中性价比最高的，只有完成了交易卖家才会付佣金。同时，性价比越高就意味着推广的门槛和难度越大，淘宝卖家在选择淘宝客时，应考虑到网店的综合利润。当网店宝贝的转化率不高，佣金较低时，淘宝客的工作动力就相对弱。对新开的淘宝网店而言，最基础的还是先做好宝贝和网店的品质。一旦有了"品牌效应"，即使在佣金很低的情况下，仍然会有很多淘宝客会为网店做推广。

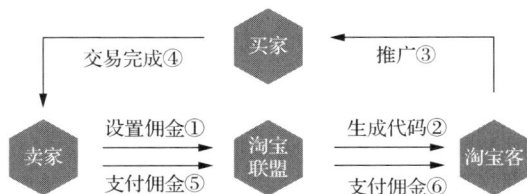

图3-9 │ 淘宝客推广的流程

2. 直通车

直通车是阿里妈妈旗下的一款精准营销产品，用以实现宝贝的精准推广。直通车是以"文字+图片"的形式出现在搜索结果页面的，直通车在淘宝网上的出现位置是搜索结果页面的右侧，共有12个单品广告展位，如图3-10所示；直通车也会出现在搜索结果页面的最下端，如图3-11所示。

图3-10 │ 搜索页面右侧的展位

图3-11 │ 搜索页面最下端的展位

图3-12所示为某网店的主要流量来源，其中直通车为网店带来的流量为26.71%，直通

车主要通过与搜索关键词相匹配来精准推广，当淘宝买家浏览到直通车上的宝贝时，如果直通车上宝贝的价格和图片能吸引买家的兴趣，买家就会点击进入，并且点击进入浏览的大部分买家都有强烈的购买欲望。因此，直通车为网店带来的流量精准有效。

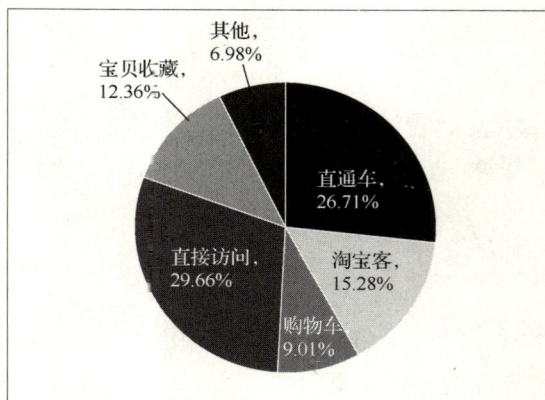

图3-12｜某网店的主要流量来源

直通车在推广某个单品宝贝时，通过精准的搜索匹配给网店带来优质的买家。当买家进入网店时，极易产生一次或多次的流量跳转，促成其他宝贝的成交。这种以点带面的精准推广可以最大限度地降低网店的推广成本，提升网店的整体营销效果。同时，直通车为广大淘宝卖家提供淘宝首页的热卖单品活动、各大频道的热卖单品活动和不定期的淘宝各类资源整合的直通车用户专享活动。

3. 钻石展位

钻石展位是专门为淘宝卖家提供的图片类广告竞价投放的平台，也是阿里妈妈旗下的营销工具之一，主要依靠图片的创意吸引买家的兴趣，以获取巨大的流量。钻石展位是根据流量竞价销售的广告展位，计费单位为每千次浏览单价（Cost Per Thousand，CPM），按照竞价的从高到低依次投放。淘宝卖家可以根据地域、访客和兴趣点3个维度设置定向的广告投放。同时，钻石展位还为淘宝卖家提供数据分析报表和优化指导。

图3-13所示为淘宝首页的钻石展位，钻石展位可以为淘宝卖家提供200多个全淘宝网最优质的展位，其中包括淘宝首页、频道页、门户、画报等多个淘宝站内的广告展位。同时，还可以将广告投向站外，如大型门户网站、垂直媒体、视频网站、搜索引擎网站等各类媒体的广告展位。

投放钻石展位需要一套完整的运营方案。淘宝卖家需要做好每天的钻石展位数据的采集、统计、整理和分析。淘宝卖家应明确选择钻石展位的目的，有针对性地推广，单品推广适合需要长期引流，需要不断提高单品成交转化率的卖家；而网店推广主要是针对有一定的活动运营能力或短时间内需要大量流量的大中型卖家，如图3-14所示。

图3-13 | 首页钻石展位

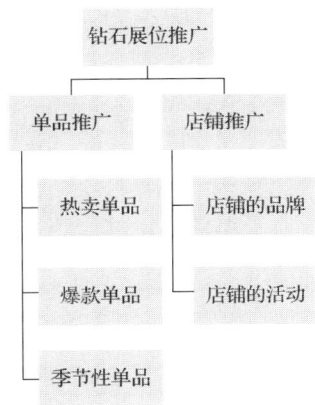

图3-14 | 钻石展位推广的分类

▌3.1.4 站内流量

站内流量是指通过淘宝平台获取的流量。站内流量对于一个淘宝网店的流量构成也是相当重要的。淘宝网站每天有几千万甚至过亿的流量。站内流量也分为免费流量和付费流量。新手淘宝卖家可以先从站内的免费流量渠道获取流量，如微淘、淘宝头条等淘宝官方的互动交流平台。

1. 微淘

微淘是手机淘宝的重要产品之一，定位是移动消费的入口，在买家生活细分领域，为买家提供方便、快捷、省钱的手机购物服务，如图3-15所示。

微淘的核心是回归以用户为中心的淘宝，而不是依靠小二推荐、流量分配。每一个用户有自己关注的账号和感兴趣的领域，通过订阅的方式，用户可获取自己想关注的信息和服务，并且运营者、粉丝之间能够围绕账号产生互动。

图3-15 | 微淘首页

2. 淘宝头条

淘宝头条（见图3-16）是阿里巴巴集团旗下的生活消费资讯类媒体聚拢平台。媒体、达人及自媒体可以通过这一专业的信息发布平台，创建"淘宝头条号"，借助淘系海量流量和精准算法实现个性化推送，内容生产者可以高效率地获得更多的曝光和关注。

内容化、社区化、本地生活服务是淘宝未来的三大方向，而淘宝头条上线不到一年已成为中国最大的在线生活消费资讯类媒体聚拢平台，每个月有超过8000万用户通过淘宝头条获取最新、最优质的消费类资讯内容。

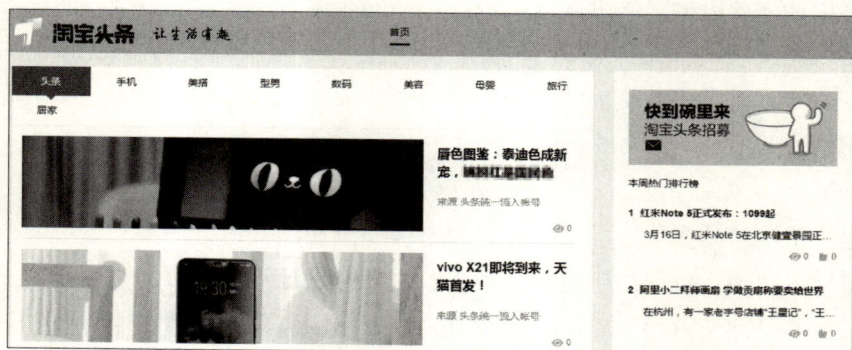

图3-16 | 淘宝头条首页

3.1.5　站外流量

站外流量是指除了淘宝网以外的所有渠道获得的流量。流量是影响网店发展的关键因素，如何获得更多的站外流量也逐渐成为卖家关注的焦点。而最困扰新手淘宝卖家的就是如何获取站外的流量。

站外流量主要是各大知名网站带来的，如论坛、微博、QQ及贴吧等社交网站。图3-17所示为某淘宝网店的站外流量来源的构成图。从数据分析来看，微博为网店带来的流量占据站外流量的39.20%。

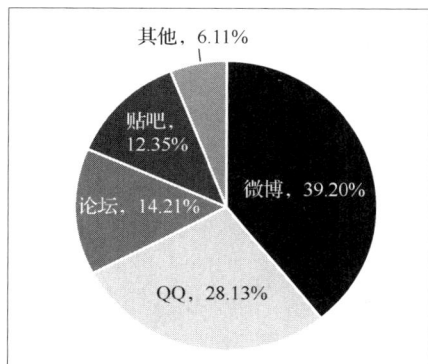

图3-17｜某淘宝网站的站外流量来源

站外流量可以为网店带来很大一部分潜在的消费群体，但卖家在引入站外流量之前，必须先把网店装修好，而且宝贝的详情页要能刺激买家的购买欲望，否则即使引进再多的站外流量，网店的转化率依旧会很低。

如果新手淘宝卖家不知道该如何对自己的网店进行装修，可以参考销量较好的同行卖家，借鉴别人的装修特点，将多家网店有特色的地方结合起来，再根据自己网店宝贝的卖点制作宝贝的详情页。

3.2　网店初期的引流渠道

流量是影响淘宝网店销量的关键因素之一，而引流渠道则决定了流量的质量。对于淘宝网店的引流渠道，卖家要注意以下两点。

（1）引流渠道多元化。如果一个淘宝网店的流量种类较多，说明该网店的宝贝展现和曝光的程度较高，网店的消费群体层次丰富，有利于网店的良性发展；如果网店的流量过于单一，那么网店流量的风险性可能较高，网店的流量具有不稳定性。

（2）不同流量来源的占比。不同流量来源的占比能直接反映出网店流量的各个影响因素的权重大小，同时，不同来源的流量，访客的质量差异会很大，对于网店的成交率有一定的影响。因此，卖家需要结合网店的实际情况，科学合理地优化不同流量来源的占比。

在淘宝网店成立初期，淘宝卖家最常用的引流渠道主要是淘宝官方活动及社交网络平台。

3.2.1　淘宝官方活动

随着淘宝网店推广费用和流量成本的增加，不少淘宝卖家把目光聚集在淘宝官方举办的各种活动上，利用低门槛的活动报名方式参加各种活动，进而为网店带来巨大的流量。如果卖家在活动前准备充分，运用适当的营销技巧，很有可能成功打造网店的爆款。

但是，并不是所有的活动都能带来巨大的流量和较高的成交转化率，淘宝新手卖家应该有选择性地报名，在前期可以参加聚划算、淘金币、天天特价以及手机淘宝的相关活动。

1. 聚划算

聚划算是阿里巴巴旗下的团购网站。聚划算依托淘宝网庞大的消费群体，现已发展成为淘宝卖家首选的团购平台。在淘宝网上，每天有超过千万的网购客户，这也正是聚划算流量最主要的来源。

图3-18所示为聚划算的首页，聚划算团购频道由品牌团、非常大牌、聚名品、全球精选、量贩团、旅游团组成。

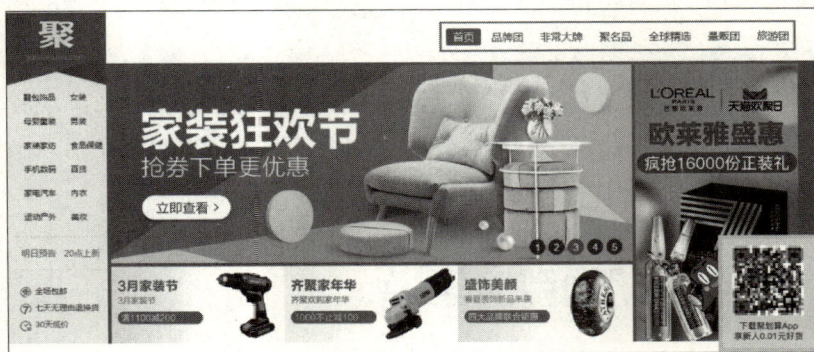

图3-18｜聚划算首页

（1）聚划算能获取巨大的流量，且成交转化率非常高。例如，某淘宝网店的一款休闲套装的上架时间为2月24日，定价为173元，但是销量很低。淘宝卖家决定在3月8日参加聚划算的活动，并且把休闲套装的定价降为89.00元，在参加活动的9小时内，休闲套装的销量突破3000套，如图3-19所示。

卖家通过淘宝平台对这款休闲套装的销量做了统计，结果如图3-20所示，从图中可以看出，宝贝刚上架时，网店的流量非常低，截至3月4日共销售了2套；宝贝在3月8日参加聚划算活动，网店的流量和销量猛增。

图3-19 | 休闲套装的销量

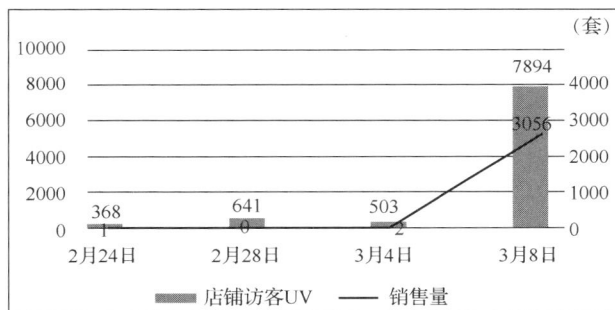

图3-20 | 聚划算为网店带来的流量和销量

从该淘宝网店的销量变化图可以得知，聚划算可以直接为网店带来大量的流量和较高的成交转化率。除此之外，该淘宝卖家最值得众多新手卖家学习和借鉴之处是审时度势、灵活营销。在宝贝上架的一个星期内，淘宝网店的流量和销量都非常低，该淘宝卖家意识到了网店当前的问题，抓住"三八妇女节"进行活动营销，在3月8日当天打了一场漂亮的"翻身仗"。

（2）聚划算能为网店带来持续性购买。结合图3-19所示范例，淘宝卖家在3月8日参加聚划算活动之后，休闲套装的价格仍然为89.00元，网店的销量的变化情况，如图3-21所示。

从网店的持续销量图可以看出，从3月8日开始，网店的访客数和销量开始急剧上升，该款休闲套装的累计销量突破4000套。

由此可见，聚划算为网店带来的持续性购买是相当可观的，能在短时间内为网店带来大量的流量，随着网店的流量和销量的增加，网店的排名自然也会更靠前，从而在最短时间内为网店带来不小的利润。

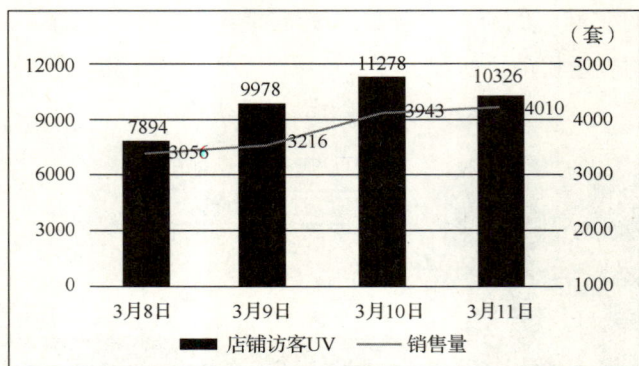

图3-21｜网店的持续销量

　　聚划算能在充分保证网店盈利的基础上，增加网店的人气，为网店品牌的宣传打下良好的基础。但是聚划算带来的火爆的阿里旺旺咨询率和高成交转化率也是对一个网店运营能力的考验，淘宝卖家在参加聚划算活动之前，需要进行充分的准备，调动各岗位工作人员全力配合。一次成功的活动会对一个网店有很大的提升。

2．淘金币

　　淘金币是淘宝网的虚拟积分，是淘宝网为广大淘宝卖家专门打造的。淘宝卖家可以通过卖家的身份赚取金币，再给买家发金币，进而达到为网店引流的目的，并打造网店的特色运营体制。

　　淘金币作为全淘宝最大的流量营销平台之一，淘宝卖家只需设置淘金币抵钱就有机会进入淘金币首页来展示，从而为网店带来稳定的流量。图3-22所示为淘金币首页。

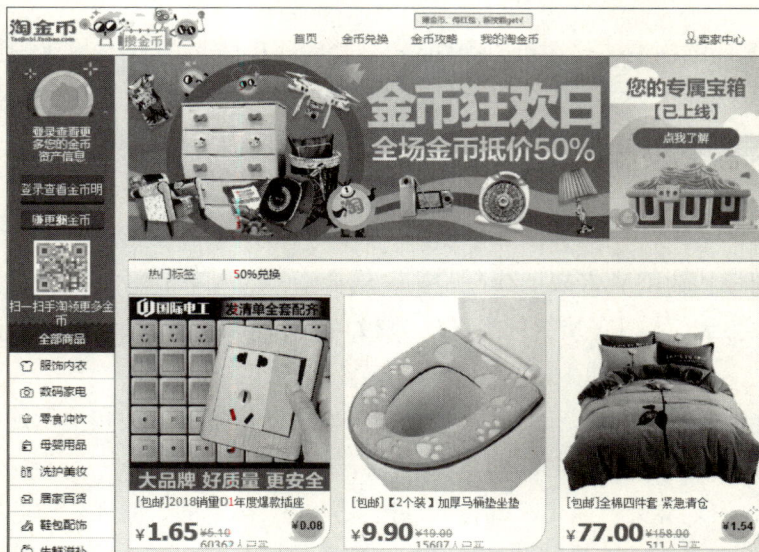

图3-22｜淘金币首页

3. 天天特价

天天特价是淘宝官方唯一免费扶持中小卖家快速成长的平台,能帮助中小卖家解决网店发展过程中抢占资源能力弱、营销意识不足,以及获取流量成本高等问题,给予中小卖家更多创业成功的机会。图3-23所示为天天特价栏目和活动总览图,不同的淘宝卖家可以根据自己网店的实际情况参加天天特价的活动。

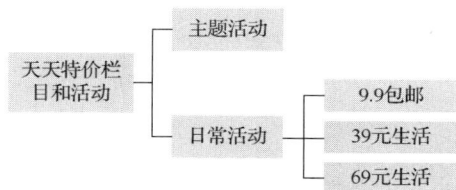

图3-23 | 天天特价栏目和活动总览图

参与天天特价活动实现的利润是微乎其微的,尽管它不能为网店带去巨额利润,但是它能快速提升网店流量,从而提升网店的DSR动态评分(淘宝店铺的动态评分)和网店宝贝的排名。图3-24所示为天天特价首页,卖家可以点击商家中心,报名参加活动。2018年1月15日,天天特价发布了新的规则,最大的变化是天猫和天猫国际的商家也可以报名参加天天特价了,天天特价活动的竞争越来越激烈了。

图3-24 | 天天特价首页

淘宝网店的宝贝在天天特价平台的成交数据将计入宝贝的搜索排名,使在活动中获得的流量得到沉淀,并在一定程度上提升网店的买家回头率。

3.2.2 社交网络平台

社交网络平台互动性强,拥有广泛的用户基础,且用户的黏度高,对平台依赖性较强。因此,这类平台的价值很高,很多淘宝卖家都把这类平台作为网店引流的渠道。

1. 微博

微博的迅速普及,聚集了大量的微博用户,这为企业在微博端进行营销创造了天然优势，加上微博营销价格低廉、互动性强等特点，微博营销成为网店卖家一定会选择的营销方式之一。

淘宝卖家主要以微博淘宝版、微博橱窗为主要渠道，如图3-25～图3-27所示。

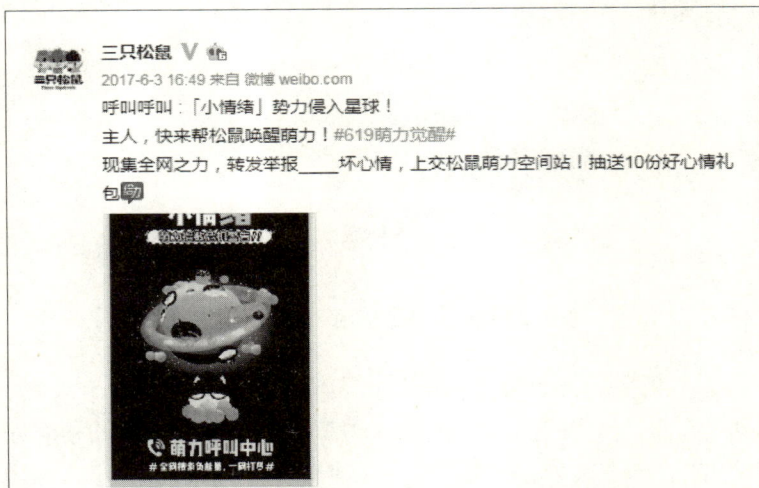

图3-25｜微博图文

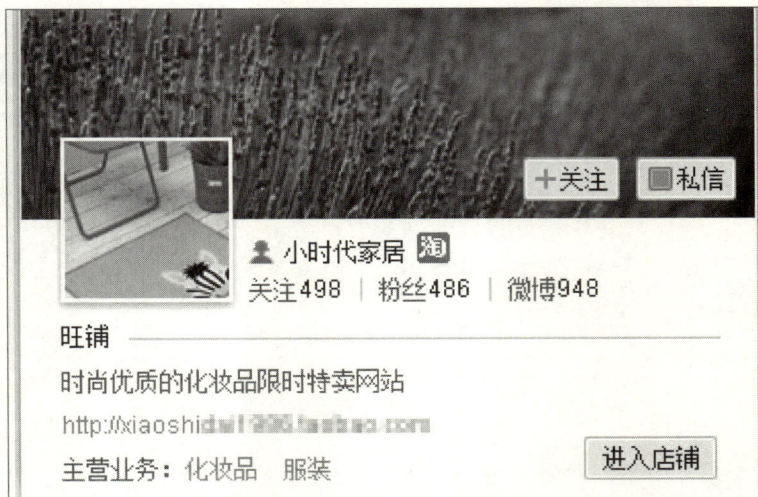

图3-26｜微博卖家信息（有微博淘宝版标识）

微博淘宝版将微博与淘宝绑定，微博用户可以直接在微博端点击进入淘宝网店；微博橱窗则可以通过微博进入链接查看产品详细信息并进行购买。这两者侧重点不同，但都能方便用户查询和购买产品。

淘宝卖家可以做微博转发有奖的活动，如转发本条微博并@3个好友（在规定的时间内转发有效）即可领取奖品。这是微博最常用的引流方法，当微博的转发和评论数量增大时，网店的人气自然会上升。如果淘宝卖家资金充裕，还可以雇用专业的微博推广团队，或让微博名人转发微博。总之，微博引流仁者见仁、智者见智，多种引流渠道并用可以提高网店流量。

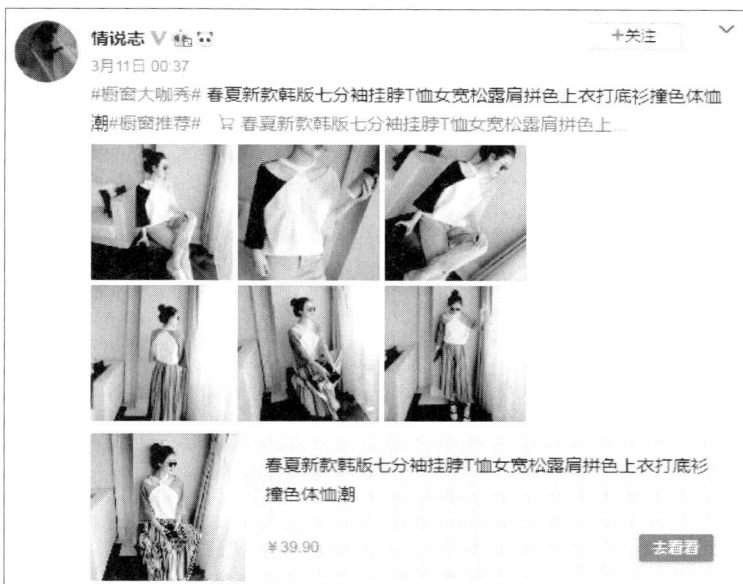

图3-27 │ 微博橱窗标识

2. 微信

作为移动端流量与用户最多的社交应用软件，微信具有强关系、点对点的营销特点。微信营销是网络经济时代企业或个人营销模式的一种，是伴随微信的火热而兴起的一种网络营销方式。微信推广一般推荐两种方式，一个是朋友圈，另一个是微信的摇一摇功能。

朋友圈推广比较简单，卖家可像平时发朋友圈一样，言简意赅地说明产品和网店的优惠活动，可以配上几张真实的产品图片。要想不被屏蔽，切记不要刷屏，要保持有规律的推广时间。现在大多数人的上班时间是朝九晚六，所以工作日就可以选择8:00—9:00、18:00—19:00。但是周末和平时不同，要注意调整。

微信"摇一摇"功能主要是通过个性签名来推广网店和宝贝。卖家可在个性签名中写上网店的名字和具体推广的产品，他人通过"摇一摇"功能看到这些信息后，可能就会去网上查询网店、了解产品了。图3-28所示为通过"摇一摇"功能进行产品推广的卖家。

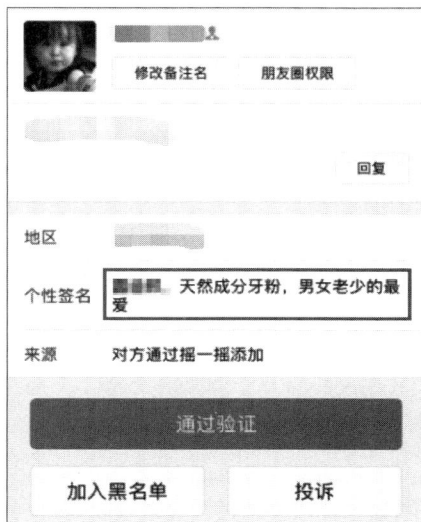

图3-28 │ "摇一摇"推广

3.3 网店后期引流工具

零售经济学中的"零售生命周期"理论指出，任何形式的零售都有自己的生命演变规律，会经历创新、成长、成熟和衰落等阶段。而淘宝网店变化的方向和速度也可以从这一理论中得到解释。一个淘宝网店，从刚建立到成熟稳定的发展，通常也会经过5个阶段：导入期、成长期、竞争期、成熟期及瓶颈期。

在淘宝网店发展到成熟期（后期）的时候，资金实力比较雄厚，各类资源充裕，网店的经济收益理想，市场的占有份额也很稳定，网店的品牌已经具有较高的知名度。图3-29所示为某淘宝网店在成熟期的流量结构图。

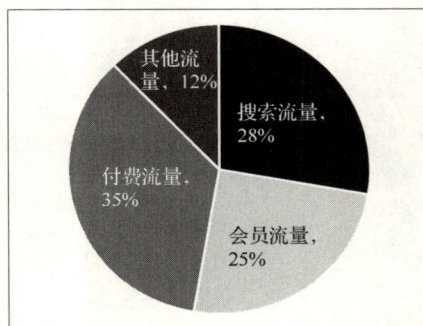

图3-29｜某淘宝网店在成熟期的流量结构图

虽然网店处于成熟期，但是此刻市场的需求量并没有饱和，客户的需求缺口依旧很大，淘宝网店在这个阶段首要目标是吸引新客户和稳定老客户，以保持网店的市场占有份额，并不断挖掘潜在的市场需求。挖掘市场的消费需求，首要任务仍然是网店的引流。淘宝网店在不同的发展阶段要采取不同的引流方式，在成熟期阶段，淘宝卖家通常会选择淘宝客、淘宝直通车，以及钻石展位作为网店的主要引流工具。

3.3.1 淘宝客的第三方流量

淘宝客支持单个宝贝或整个网店两种推广形式，淘宝卖家可以针对单个宝贝或整个网店设置推广的佣金，佣金可以在每笔成交金额的5%～50%范围内任意调整，较高的佣金将会赢得更多淘宝客的青睐。淘宝官方将会在每笔交易成交后，根据相应的佣金设置从成交金额中扣除淘宝客的佣金。

1. 淘宝客的入口

淘宝客带来的流量主要是第三方流量，淘宝卖家可以直接登录 "淘宝联盟"的首页，按照网店的实际需求选择"单品推广"或"店铺推广"，如图3-30所示。

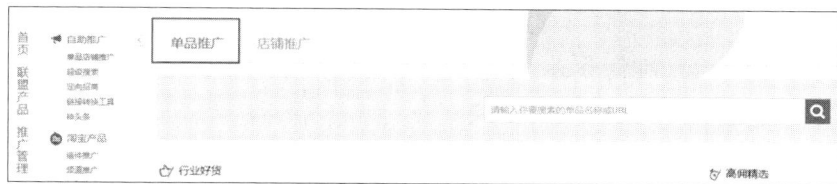

图3-30 | 淘宝联盟首页

2. 淘宝客的招募

卖家需要通过不同方式挖掘淘宝客，只有掌握淘宝客资源，才能合理利用这些资源扩大品牌影响力，提高产品销量。淘宝客招募有多种方式，无论是何种方式，都需要卖家主动联系，多尝试，才能挖掘出更多的淘宝客资源。常见的淘宝客招募方式有以下几种。

（1）后台公告招募

淘宝卖家可在淘宝客后台发布招募相关的公告，吸引淘宝客主动申请加入推广。公告类型包含掌柜奖励、掌柜促销、掌柜热卖和其他，如图3-31所示。

图3-31 | 公告管理

公告的标题要有吸引性，如"全店佣金高达40%""年中促主推款50%佣金"等，标题可以适当夸张，但不能脱离实际，一定要把最好的亮点展现出来。公告信息一般包含网店名称、网店链接、网店活动信息、活动素材下载链接、联系方式等。

（2）阿里妈妈社区招募

卖家进入阿里妈妈社区可进行淘宝客招募。

（3）其他论坛招募

卖家除了可在官方社区进行招募外，还可以去一些淘宝客常聚集的网站，如嗨推网、A5网、站长之家等。

以一家经营智能穿戴设备的网店发布的淘宝客招募贴为例，如图3-32所示。帖子中包含店铺名称、店铺地址、主营业务，推广链接、联系方式和数据呈现等。卖家可以多学习论坛中置顶、加精的帖子内容。

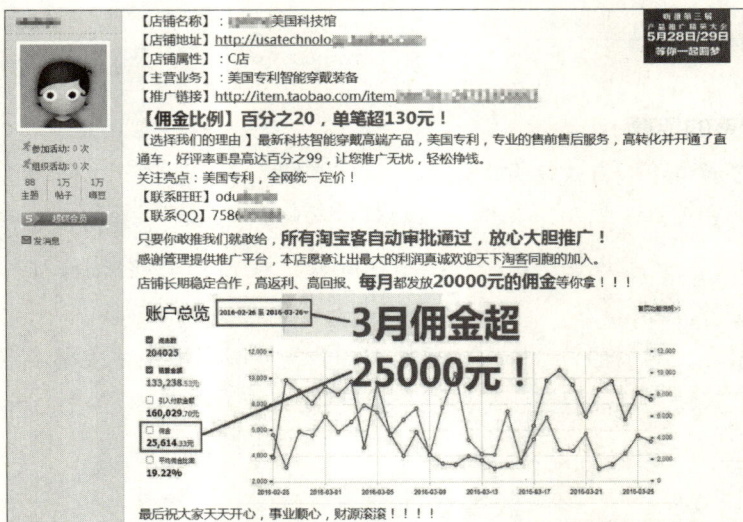

图3-32 | 实例招募贴

招募贴中一般需要包括以下信息点。

① 标题：写标题时应尽量简单化，可以带上一些有号召性的词语。

② 店铺信息：包含店铺名称和店铺链接。

③ 佣金信息：具体的佣金比例和申请网店推广的链接。

④ 素材下载地址：推广网店活动时需要的不同尺寸素材的下载地址。

⑤ 联系方式、注意事项：注明卖家联系方式并要求淘宝客在申请理由中备注推广方式和联系信息，便于后续的审核管理。

⑥ 网店数据：展示网店的销售数据和转化率等情况，利用各项数据吸引淘宝客推广。

3．淘宝客的选择标准

淘宝卖家在选择淘宝客之前，应该明确并非所有人都适合做淘宝客推广。那么，究竟什么样的人会做淘宝客呢？淘宝客主要分为3类：第一类是资深的网站管理人员，该类人员凭借网站的大量流量，可在网站中加入一些推广广告进行推广；第二类是上网时间长的人；第三类是兼职人员，该类人员主要通过朋友介绍、网络搜索等渠道获取兼职的机会，如图3-33所示。

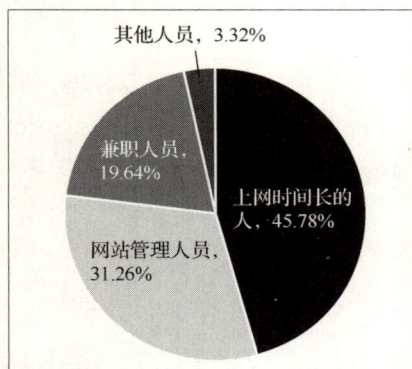

图3-33 | 淘宝客的主要分类

淘宝客已经发展成为整个淘宝生态体系中的重要一环，阿里妈妈系统会根据淘宝客的业绩和健康度对淘宝客进行升、降级。因此，淘宝卖家在选择淘宝客的时候可以结合淘宝客的等级，选择最优质的淘宝客，如表3-1所示。

表3-1　淘宝客的等级

等级	准入门槛	晋级或降级规则	特殊权限
初级推广者	注册用户	晋级规则：达到高级推广者的准入门槛后将于次日升级到高级推广者等级	1. 搜索权限 2. 获取明细报表权限 3. 快捷提现权限 4. 链接转换权限
高级推广者	1．累计拉新人数≥6人； 2．30天内有效订单数≥15笔； 3．30天内成功引流人数≥60人	降级规则：每月1日统计上个自然月的数据，如未达到有效订单数≥15笔和成功引流人数≥60人将于每月2日自动降级到初级推广者	除拥有初级推广者的所有特权外，还拥有"高佣金"特权

为了鼓励淘宝客的销售热情，淘宝卖家也可以设置正向激励的销售规则。淘宝卖家的佣金设置越高，就会有越多的淘宝客意愿参与到网店的推广之中，同时，也能有效地刺激淘宝客的推广热情。

3.3.2　直通车的精准流量

当淘宝网店每天都有相对比较稳定的淘宝客的第三方流量之后，网店的访客数（UV）已经达到瓶颈，那就需要淘宝直通车为网店带来更多精准的流量。

1. 直通车的相关专有名词

直通车是一种点击付费的推广方式。在进行直通车推广之前，卖家应该先了解与直通车相关的专有名词，如表3-2所示。

表3-2　直通车相关的专有名词

名称	简称	含义
展现量	PV	广告被展现的次数
点击量	CLICK	广告被点击的次数
点击率	CTR	点击量÷展现量
消耗	REV	直通车点击产生的费用
点击单价	PPC	消耗÷点击量
竞价排名	P4P	通过竞价进行位置竞争
点击转化率	CLICK-ROI	每一笔成交的点击次数

2. 关键词的设置

关键词是指淘宝卖家为了推广某一宝贝，为该宝贝设置的相关关键词，当买家进行相关关键词搜索时，搜索结果中就会出现卖家网店的宝贝。

例如，某淘宝网店为一款连衣裙设置了6个不同的关键词，分别是修身显瘦、欧美名媛、田园小清新、清纯甜美、优雅淑女和文艺森女。在一天内，淘宝卖家对6个不同关键词的展现量、点击量和点击率分别做了统计，如图3-34所示。

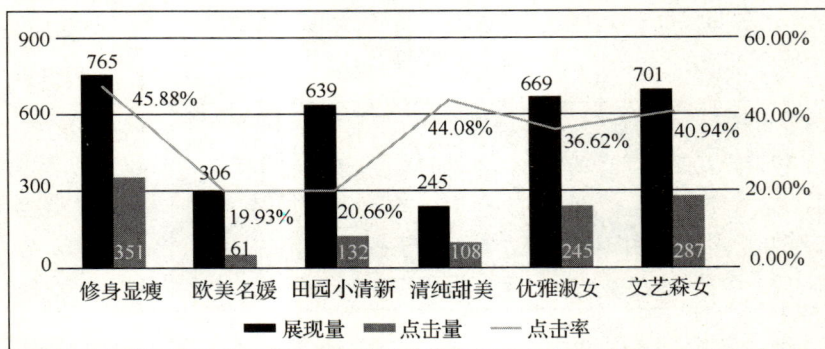

图3-34｜不同关键词的数据对比图

从不同关键词的点击率分析，点击率排名前三的关键词分别是修身显瘦、清纯甜美和文艺森女。点击率越高的关键词能为网店带来的流量越多，因此，卖家在设置关键词之前需先对关键词的引流能力做测试，选择点击率较高的关键词作为宝贝的标题。

3. 关键词的竞价

在直通车推广中，每件宝贝可以设置20个关键词，而不同宝贝的关键词最低出价不同，热门的关键词的竞争较激烈，出价一般会高于冷门的关键词。淘宝卖家需要根据自己的实际情况，评估关键词能为网店带来多少流量，成交转化率大概是多少。淘宝卖家可以针对每个关键词自由竞价，扣费方式为按照点击次数扣费。

（1）直通车扣费的公式

淘宝直通车的扣费公式是：

$$综合排名 = 质量得分 \times 出价$$

$$实际扣费 = 下一名出价 \times 下一名质量得分 \div 自己的质量得分 + 0.01元$$

其中质量得分是衡量设置的关键词与宝贝推广信息和淘宝网用户搜索意向之间的相关性的评分。其计算包括多方面的因素，如基础分、创意效果和相关性等，如图3-35所示，质量得分为1~10的数字，质量得分是一个相对值而不是绝对值。在整个扣费公式中，淘宝卖家可以改变的是自己宝贝的质量得分和出价。

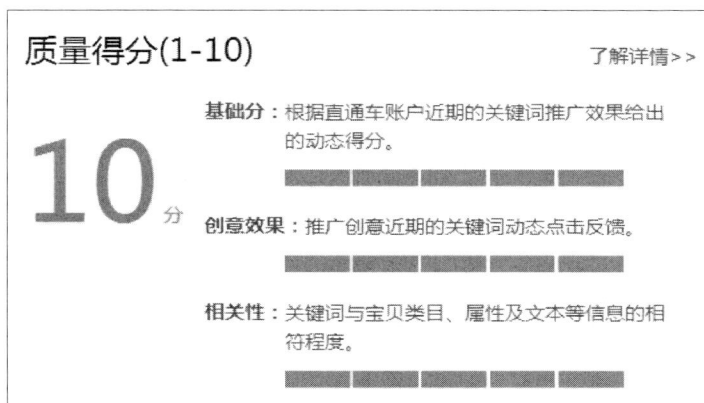

图3-35 | 质量得分的构成

例如，甲、乙、丙、丁4位淘宝卖家对同一关键词竞价，如表3-4所示。根据"综合排名=质量得分×出价"，甲卖家的综合排名为9×1.56=14.04，乙卖家的综合排名为6×2.24=13.44，丙卖家的综合排名为7×1.98=13.86，丁卖家的综合排名为10×1.02=10.2。因此，4位淘宝卖家的综合排名依次是甲、丙、乙、丁。

根据直通车的扣费公式"实际扣费=下一名出价×下一名质量得分÷自己的质量得分+0.01元"，甲卖家的实际扣费=丙卖家的出价×丙卖家质量得分÷甲卖家的质量得分+0.01元，即7×1.98÷9+0.01=1.55元，甲卖家的实际扣费为1.55元/次。按照公式，分别可以计算出其他3位卖家的实际扣费，如表3-3所示。

表3-3 关键词竞价的排名和扣费

淘宝卖家	出价/元	质量得分	综合排名	实际扣费/元
甲	1.56	9	1	1.55
乙	2.24	6	3	1.71
丙	1.98	7	2	1.93
丁	1.02	10	4	—

根据表3-3所示的计算结果可发现，出价最高的乙卖家的综合排名并不是第一，而甲卖家的出价相对较低却排名第一。因此，在淘宝直通车中，关键词的出价并不是决定宝贝排名的唯一因素，而且实际扣费始终小于或等于出价。

（2）质量得分对排名的提升

结合表3-3，在其他条件保持不变的情况下，乙卖家提升了质量得分，如表3-4所示，此时，甲卖家的综合排名为9×1.56=14.04，乙卖家的综合排名为10×2.24=22.4，丙卖家的综合排名为7×1.98=13.86，丁卖家的综合排名为10×1.02=10.2。因此，4位淘宝卖家的综合排名依次乙、甲、丙、丁。相应的实际扣费也会改变，如表3-4所示。

表3-4　乙卖家提升质量得分后的关键词竞价的排名和扣费

淘宝卖家	出价/元	质量得分	综合排名	实际扣费/元
甲	1.56	9	2	1.55
乙	2.24	10	1	1.41
丙	1.98	7	3	1.93
丁	1.02	10	4	—

（3）出价对排名的提升

结合表3-3，在其他条件保持不变的情况下，丁卖家通过改变出价提升排名，如表3-5所示，甲卖家的综合排名为9×1.56=14.04，乙卖家的综合排名为6×2.24=13.44，丙卖家的综合排名为7×1.98=13.86，丁卖家的综合排名为10×2.5=25。因此，4位淘宝卖家的综合排名依次是丁、甲、丙、乙。相应的实际扣费也会改变，如表3-5所示。

表3-5　关键词竞价的排名和扣费

淘宝卖家	出价/元	质量得分	综合排名	实际扣费/元
甲	1.56	9	2	1.55
乙	2.24	6	4	—
丙	1.98	7	3	1.93
丁	2.5	10	1	1.41

可见，在外界条件保持不变的情况下，可以直接通过改变宝贝的质量得分和出价来改变宝贝的排名。但是在实际情况中，淘宝卖家并不能知道竞争对手的质量得分和出价，所以，淘宝卖家不能毫无根据地出价。在出价之前，淘宝卖家可先进行试探性的"测试"，在大致了解了竞争对手以后，再对宝贝的关键词进行竞价。

3.3.3　钻石展位的品牌推广流量

钻石展位系统会通过兴趣点、访客和地域使流量与广告进行有效的匹配，进而高效引入流量，达到提高宝贝曝光率、网店点击率的效果，具有较高的广告投放的点击率和投资回报率（Retum On Investment，ROI）。由于钻石展位广告位的局限性，其更适合作为品牌传播的工具，钻石展位对于淘品牌或传统品牌的旗舰店较为合适。

某淘宝网店某个时间段在钻石展位投放广告后，淘宝卖家统计的网店的浏览量和访客数趋势图如图3-36所示。

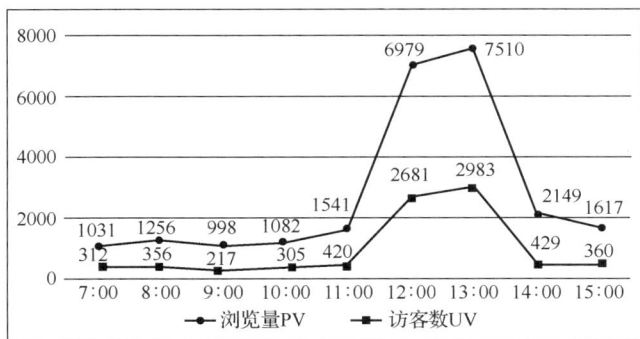

图3-36｜某淘宝网店7:00—15:00的浏览量和访客数

从整体趋势来分析：7:00—11:00期间，网店的浏览量和访客数变化不大；11:00是分水岭，11:00—13:00网店的浏览量和访客数急剧上升，在13:00的时候，浏览量和访客数均达到最高值，浏览量为7510，访客数为2983；从13:00开始，浏览量和访客数呈逐渐下降趋势。因此，从网店浏览量和访客数可以很直观地看出，该淘宝网店在11:00—13:00在钻石展位投放了广告。

1. 钻石展位的收费标准

钻石展位是根据流量竞价收费的，即按照淘宝卖家投放的广告所在的展位被浏览1000次所收取的费用作为单价计费（千次浏览并不是指1000次点击，而是1000个PV）。

相关计算公式如下：

$$总预算 \div 前次成交价 \times 1000 = 购买总流量$$
$$购买总流量 \times 点击率 = 点击数$$
$$总预算 \div 点击数 = 单个点击成本$$

例如，某淘宝卖家的推广总预算是500元，竞拍一个点击率为6%的广告展位，前次成交价是每千次8元。那么，该淘宝卖家能购买到的总流量为62500（PV），能产生的点击数为3750个，单个点击成本约为0.13元。

2. 钻石展位的竞价规则

淘宝卖家在进行钻石展位的竞价之前，需要先了解淘宝官方对钻石展位竞价设置的规则，不能在没有了解清楚规则之前，盲目竞价。相关规则如下。

① 淘宝卖家竞拍的是某个广告位在某个时间段的流量使用权。CPM出价高的卖家的广告投放结束后，下一位的广告才会开始投放。

② 竞价的最小时间单位为小时，每小时内系统会按照卖家出价从高到低的顺序投放广告。

③ 每天15:00为竞拍结束点，第二天的投放顺序将按照这个时间点的价格排序。

④ 某用户竞拍的结算价格为该用户排名下一位用户的出价加0.1元。

3. 钻石展位的竞价流程

（1）提前统计相关数据

例如，A淘宝卖家决定在5月20日某个时间段参与钻石展位的推广，那么，A淘宝卖家在参加钻石展位之前需要提前对相关的数据进行统计，包括参与竞价的总人数、人均投放广告数、平均点击成本、每千次成交价格及点击率，如表3-6所示。

表3-6　统计钻石展位相关的数据指标

日期	参与竞价的总人数/人	人均投放广告数/个	平均点击成本/元	每千次成交价格/元	点击率
5月11日	962	3	0.82	9.69	1.78%
5月12日	869	2	0.98	8.03	1.92%
5月13日	1263	4	1.12	10.44	2.63%
5月14日	1006	5	1.01	9.16	1.88%
5月15日	1011	3	0.99	9.23	1.76%

分析表3-6可知：参与竞价的总人数每天平均为1022人，人均投放广告数为3个，平均点击成本为0.98元，平均每千次成交价格为9.31元，且平均点击率为1.99%。就现阶段的数据分析，钻石展位的竞价情况变化不大，A淘宝卖家可以提前准备良好的活动创意，参与5月20日的钻石展位的竞价。

（2）参考当前的竞价情况

淘宝卖家在参加钻石展位竞价之前必须先参考每个展位当前的竞价情况。在5月19日，A淘宝卖家想要竞价5月20日的钻石展位的焦点展位，就应该先参考当前焦点展位的竞价情况。表3-7所示为当前竞价的前8名。

表3-7　当前的竞价情况

竞价排名	竞价金额/元	占用流量比
1	31.6	1.69%
2	30.9	15.78%
3	30.6	0.56%
4	29.9	6.21%
5	29.9	0.94%
6	29.9	0.43%
7	29.1	0.82%
8	28.6	0.90%

从表3-7中可以看出，竞价非常激烈，导致竞价的排名变化较大。最值得引起淘宝卖

家注意的是，当多个卖家的出价相同时，其中一个卖家占用的流量会相对比较大。淘宝卖家的出价不宜过高，也不宜过低，在保证能参与竞价的基础上，花最少的钱，买最多的流量。出价排名和占用流量比一直在发生变化，卖家必须在临近15:00的时候密切关注其变化。

（3）竞价的结果

淘宝卖家在参与了钻石展位的竞价后，最关注的就是推广的结果。在同样的出价条件下，可能会产生不同的推广效果。例如，B淘宝卖家也参与了钻石展位焦点展位的竞价，且B淘宝卖家出价和A淘宝卖家相同，都是10元，但是最后的推广效果却截然不同，如表3-8所示。

表3-8　出价相同推广效果不同

竞价卖家	总预算/元	出价/元	点击率	点击数	单个点击成本/元
A淘宝卖家	1000	10	2%	2000	0.5
B淘宝卖家	1000	10	5%	5000	0.2

为什么A淘宝卖家单个点击成本高，买到的流量很少呢？这是很多新手淘宝卖家会陷入的"误区"，因为参与钻石展位竞价的卖家很多，其中会出现多个淘宝卖家竞价相同的情况，此时，其中某个淘宝卖家的占用流量会相对比较大。因此，为了能让竞价排名更靠前，A淘宝卖家的出价应该高于占用流量比较大的B淘宝卖家。

4. 制作店铺流量数据诊断报表

淘宝卖家应制作一个店铺流量数据诊断报表每天及时统计分析，通过对网店流量的对比与分析为网店以后的发展与决策提供数据支持。报表的主要数据指标包括浏览量PV、访问深度、访客数UV（总客户、新客户、老客户）、首页访问（点击率、跳失率）、宝贝详情页访问量、淘宝自主搜索量、单品访客比例，如图3-37所示。

			店铺流量数据诊断报表						
日期	浏览量PV	访问深度	访客数UV			首页访问		宝贝详情页访问量	淘宝自主搜索量	单品访问比例
			总客户	新客户	老客户	点击率	跳失率			

图3-37｜店铺流量数据诊断报表

本章小结

通过本章对网店流量结构的学习，读者可掌握与淘宝网店流量相关的专业名词，了解网店流量的4大分类——自主访问流量、付费流量、站内流量及站外流量；在熟悉了网店流量来源的基础上，读者可掌握网店在初期的多种免费的引流渠道，主要包括淘宝官方活动和社交网络平台。淘宝网店在不同的发展阶段，流量占比不同，当免费渠道不能满足网店的需求时，淘宝卖家需要通过一些付费渠道对网店进行引流，如淘宝客、直通车及钻石展位。

课后思考题

新手淘宝卖家小王又遇到问题了，在解决了网店宝贝的定价问题后，小王网店的流量始终很低，小王很迷茫。按理说，网店的宝贝价位合理，质量上乘，网店的访客数应该很多。但是最近几周，网店的流量非常低，而且流量来源结构单一。小王决定向有经验的人员请教原因。

请结合本章所学的知识，帮助小王分析该淘宝网店流量低的原因，并告诉他该从哪些渠道进行引流。

第4章

宝贝成交转化率分析

在电子商务发展趋于成熟的今天，数据化运营和分析已经渗透到了电子商务的各个环节。很多淘宝卖家在相互交流的时候必定会运用到数据，如"你家的日均PV是多少？""最近的UV涨幅怎么样？""店里的ROI如何？"而在众多数据化参考指标中，淘宝卖家关注度最高的数据莫过于成交转化率，因为宝贝的成交转化率直接影响着网店的利润和发展。

那么，什么是成交转化率？哪些数据能影响成交转化率？又该从哪些方面运用数据提高成交转化率呢？

本章关键词

* 有效入店率
* 旺旺咨询转化率
* 静默转化率
* 订单支付率
* 影响成交转化率的因素

本章数据分析中的图表展示

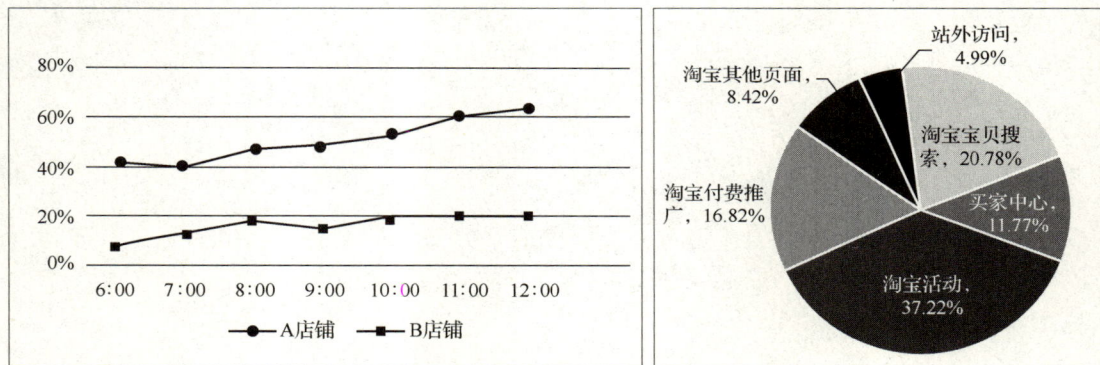

4.1　解读成交转化漏斗模型

成交转化率是指访问淘宝网店并产生购买行为的人数与所有访问网店的人数的比值。其计算公式为：成交转化率=（有购买行为的人数÷所有到达网店的访客人数）×100%。

图4-1所示为成交转换率的漏斗模型，淘宝网店的访客人数经过漏斗的层层"过滤"，最后转化为成交人数。成交转化率漏斗模型一共分为5层，第一层是有效入店率，第二层是旺旺咨询转化率，第三层是静默转化率，第四层是订单支付率，第五层是成交转化率。

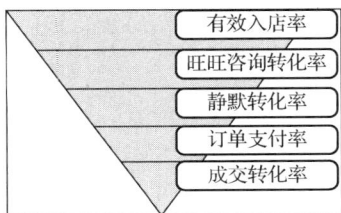

图4-1 | 成交转化率的漏斗模型

4.1.1 有效入店率

当网店的宣传和推广做到一定的程度和效果后，网店的流量会有明显的增长和改善。可是，让广大新手卖家烦恼的是，有的买家访问了网店，仅仅浏览了一个页面就离开了，后台统计的网店的访客数不断增加，但是跳失率也随之增长。跳失率是指买家进入网店后只访问了一个页面，没有收藏、没有加购物车、没有咨询、没有购买就离开的访客数占该页面总访客数的比例。图4-2所示为某网店统计的最近13天的访客数和与跳失率。

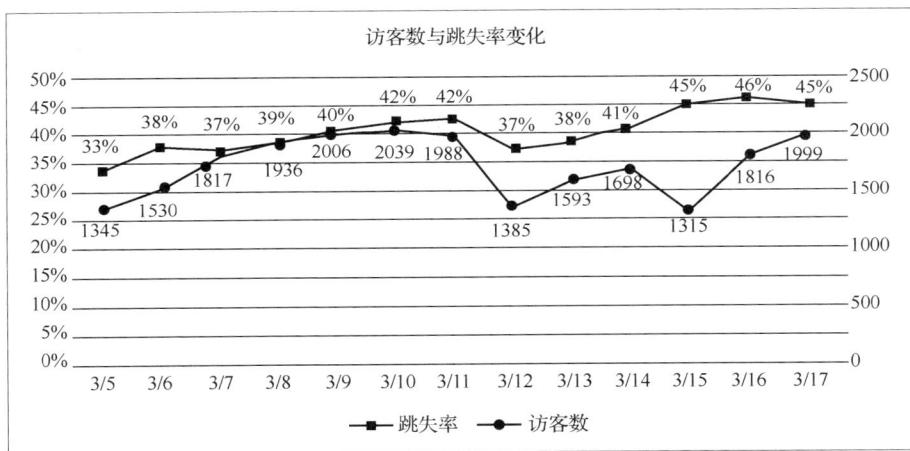

图4-2 | 某网店最近13天的访客数和跳失率统计表

从图4-2中可以看出，该网店虽然访客数多，但跳失率较高，有效入店率较低。有效入店率是淘宝网店运营的重要参考指标之一。对于大多数新手卖家来讲，从买家进入网店到离开网店的过程规律很难掌握。因此，在分析网店访客数前，卖家应该先掌握与有效入店率相关的公式：

网店访客数=有效入店人数+跳失人数

有效入店率=有效入店人数÷网店访客数

出店率=出店人次÷出店页面浏览量

有效入店人数是指访问网店的至少两个页面才离开的访客数，也包括访客到达网店时，直接点击收藏网店或宝贝、用阿里旺旺咨询、加入购物车和立即购买的访客数；出店页面指访客在访问网店时的最后一个页面。

在掌握了相关的数据指标之后，淘宝卖家可根据淘宝网店的不同页面访问量对流量进行细分，并且根据页面平均停留时间和出店率等对网店做相关的分析。以某网店的流量分布为例进行分析，如表4-1所示。

表4-1　网店流量分布表

访问页面	浏览量	访客数	页面平均停留时间/秒	出店人次	出店率
首页	5911	1010	121	2936	49.67%
分类页	2977	705	63	1677	56.33%
宝贝详情页	6420	1700	135	2111	32.88%
自定义页	2239	801	9	1899	84.81%
搜索页	3516	1114	71	1200	34.13%
其他	1354	103	30	501	37.00%
合计	22417	5433	—	—	—

1. 页面的流量占比

不同的页面流量占比不同，网店的各类页面流量的分布直接反映了网店的健康状况。图4-3所示为该网店不同页面的流量占比分布图。

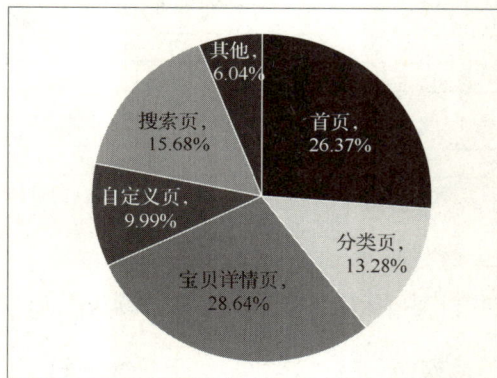

图4-3 | 不同页面的流量占比

首页作为整个网店的门面，也是流量的中转站，但是首页的流量占比不宜过高，因为交易主要是在宝贝详情页完成的。因此，首页的流量占比为15%左右，而宝贝详情页的流量应至少应占到全店流量的50%才算健康。该网店的首页流量占比为26.37%，宝贝详情页的流量占比为28.64%，说明网店的首页流量占比过高，而宝贝详情页的流量占比没有达到健康标准。因此，该网店淘宝卖家接下来需要对网店的首页进行优化，并提升宝贝详情页的流量占比。

　　分类页作为网店的宝贝列表导航页，流量占比应为20%左右。该网店的分类页流量占比为13.28%，说明分类页的设计还存在问题，卖家需深入优化分类页。

　　搜索页是指买家在淘宝网店首页的搜索框中输入关键词显示的页面，如图4-4所示。搜索页主要是为了方便买家快速找到自己想买的宝贝，所以搜索页的流量应约为全店流量的10%。该网店的搜索页的流量占比为15.68%，搜索页的流量占比也超出了正常范围，如果搜索页的占比过高，说明买家在搜索页搜索多次也没有找到想要买的宝贝。

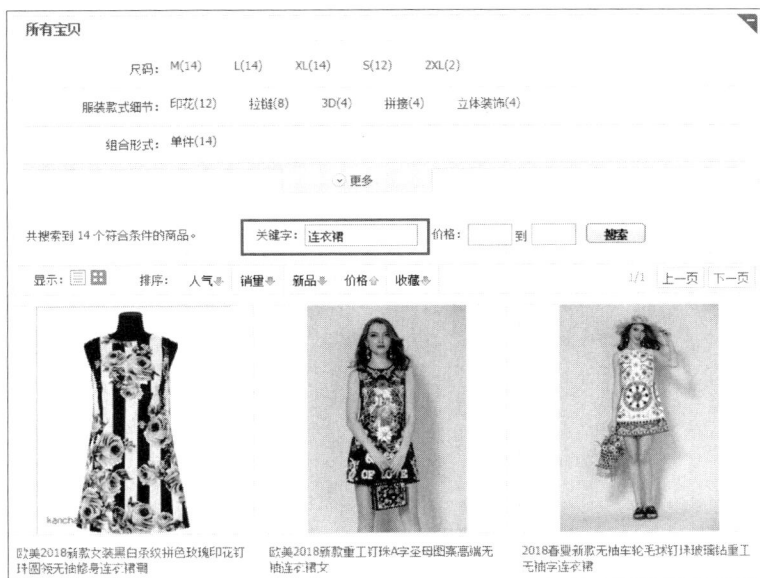

图4-4｜搜索页面

　　自定义页是指淘宝网店自定义设置的页面，绝大部分网店的自定义页面会介绍品牌故事、导购服务流程及售后服务，这类页面的功能有限，流量的占比不大，一般为5%左右；该网店的自定义页流量占比为9.99%，超出了正常范围，卖家可对该自定义页进行调整，降低其流量占比。

2．页面平均停留时间

　　页面平均停留时间是指访客浏览某个页面所花费的平均时长。访客在某个页面的停留时间越长，表明页面对访客的黏性越强，页面为访客提供的信息和服务就越多，页面存在的潜在成交访客就越多。但是并非所有的页面平均停留时间都是越长越好。图4-5所示为该网店不同页面的平均停留时间。

　　从该网店的页面平均停留时间来分析，宝贝详情页和首页的平均停留时间较长。宝贝详情页的平均停留时间长说明买家对该宝贝感兴趣，愿意花更多的时间去了解该宝贝。因此，宝贝详情页的平均停留时间越长，潜在的成交转化率越高。

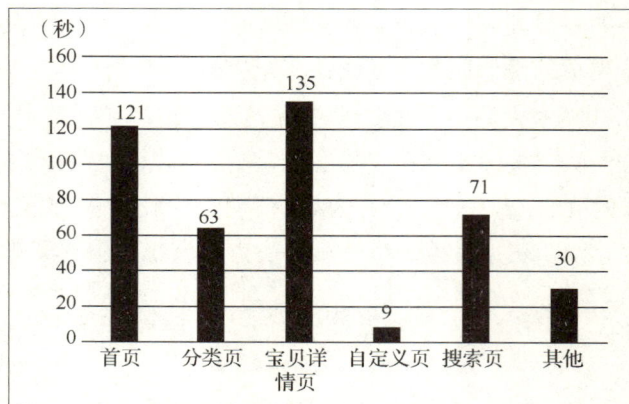

图4-5｜页面平均停留时间

　　首页的平均停留时间长，说明买家没有在最短的时间内找到想买的宝贝。图4-5所示网店的首页平均停留时间过长，淘宝卖家接下来应该对首页进行整改。首页的设置应该简洁大方、操作性强，使买家在访问首页的时候，能在第一时间内找到想要买的宝贝。

　　图4-6和图4-7所示分别为甲、乙两家网店首页的页面装修，相对而言，甲网店的首页设计的用户友好度更高，当买家访问甲网店首页时，可以根据分类直接选择感兴趣的板块，在访问网店的同时也可以咨询客服。而乙网店的装修色调偏冷，而且网店的类目分类不明显，可操作性不高。

图4-6｜甲网店的首页

图4-7｜乙网店的首页

买家第一次进入某淘宝网店，很难在第一时间内对网店的产品质量、服务态度及售后保证等做出判定，但是网店的首页设计却很容易给买家留下深刻的印象。如果买家对网店的首页设计有较高的认可度，对页面的排版布局产生了共鸣，那么，买家的购买欲望就会逐渐加强。

以图4-6和图4-7所示案例为例可知，不同的装修风格会直接影响有效入店率，在同一时间段内，甲、乙两家网店的有效入店率如图4-8所示。6:00—12:00，甲网店的有效入店率始终高于乙网店，可以很直观地看出首页的装修能直接影响有效入店率。因此，淘宝卖家需优化首页的设计和装修，吸引更多的买家有效入店访问。

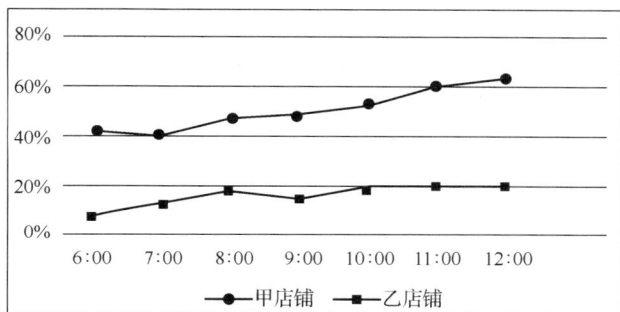

图4-8｜甲、乙两家网店的首页入店率对比图

此外，卖家也要关注网店的分类页和搜索页的平均停留时间，分类页和搜索页的主要功能是帮助买家在最短时间内找到想买的宝贝，并引导买家进入单品宝贝详情页进行深入的访问，所以分类页最好设置筛选的功能，帮助买家选择感兴趣的宝贝。

3. 出店率

出店率是指出店人次与某个页面的总浏览量的比值。出店率这一数据指标直接反映了某个页面对访客的吸引力和黏性。某个页面的出店率很高，说明绝大多数的访客是从该页面离开的，该页面对访客的吸引力和黏性较差。图4-9所示为某网店各类页面的出店率。

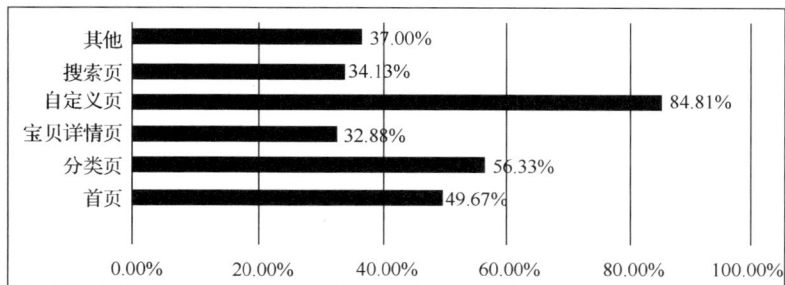

图4-9｜网店的出店率

根据网店各类页面的出店率分析：首页的出店率为**49.67%**，数据标准基本正常；而分

类页的出店率却是56.33%，说明分类页的设计存在较大的问题，导致买家在该页面的出店率非常高；宝贝详情页和搜索页的出店率都相对较低，说明这两个页面对买家的吸引力较强，买家愿意花费更多的时间对网店进行深入的访问；而不同网店的自定义页面的设置和风格不同，卖家需要根据网店的主体风格设置网店的自定义页面，并对该页面进行改进，最大可能地为网店引进流量。

▋4.1.2 旺旺咨询转化率

淘宝卖家通过对网店各类页面进行优化，可吸引大量的新访客入店进行更深层次的访问。当买家在访问过程中产生一些疑问时，绝大多数买家会通过阿里旺旺与客服进行交流，如果客服解决了买家的问题，有一部分买家就会选择购买。在淘宝网中，绝大多数行业的销售需要借助阿里旺旺进行导购，而不同行业的旺旺咨询转化率不同，如图4-10所示。

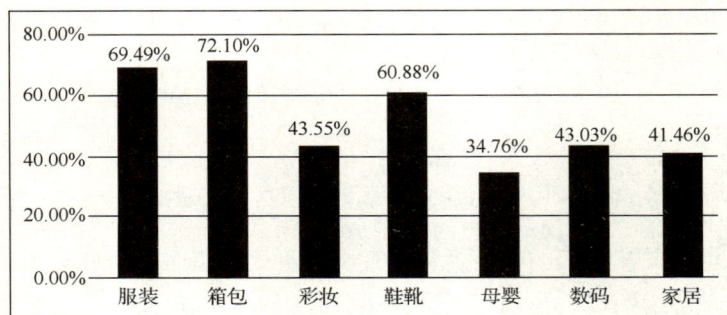

图4-10 │ 不同行业旺旺咨询转化率

在直接层面上，旺旺咨询转化率会影响整个网店的销售额，在间接层面上，旺旺咨询转化率会影响买家对网店的黏性和回头率，甚至会影响整个网店的品牌建设和持续发展。某淘宝卖家针对网店的旺旺咨询转化率做了相关的数据统计，如表4-2所示，并根据平均访问深度和旺旺咨询转化率对网店进行了优化。

表4-2 网店的旺旺咨询转化率

日期	浏览量	访客数	平均访问深度	旺旺咨询率	旺旺咨询转化率
今日	2399	610	2.34	36.22%	16.06%
昨日	1999	553	1.89	29.13%	13.33%
上周同期	2039	400	1.62	25.75%	12.89%
一周日均值	2142	571	1.75	29.56%	13.78%

1. 平均访问深度

平均访问深度是指访客一次性连续访问淘宝网店的页面数，即访客平均每次连续访问网店的页面数。图4-11所示为该网店的平均访问深度统计图。

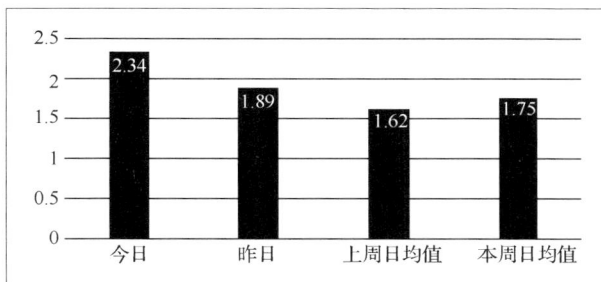

图4-11 | 不同日期的平均访问深度统计图

由图4-11可知，网店的平均访问深度本周日均值为1.75，表示大部分买家访问网店1～2个页面就离开了，说明网店对买家的吸引力不够。卖家应该优化网店的各个页面，提升买家的访问深度。

2. 旺旺咨询转化率

旺旺咨询转化率是考验客服对产品知识的掌握程度的一项重要指标。如果客服人员专业性较强，且服务态度较好，能在最短时间内解决买家的疑惑和问题，买家在获得了满意的答复之后，通常会对该网店产生较好的整体印象，从而达成交易。

旺旺咨询转化率公式如下：

旺旺咨询率=旺旺咨询人数÷访客总数

旺旺咨询转化率=旺旺咨询成交人数÷旺旺咨询总人数

图4-12所示为该网店的旺旺咨询率和旺旺咨询转化率的变化图。从图中可以看出：随着访问深度的变化，旺旺咨询率和旺旺咨询转化率随之变化；访问深度的数值越大，旺旺咨询率和旺旺咨询转化率越大。

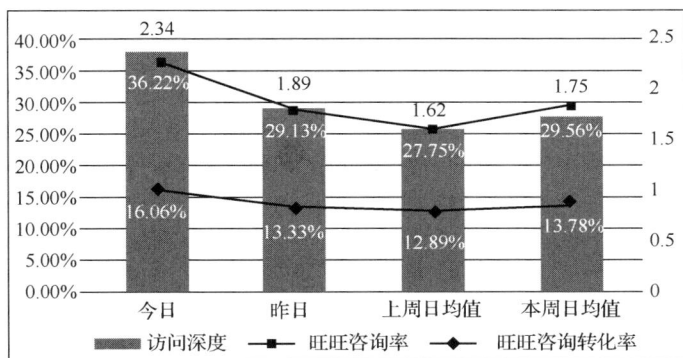

图4-12 | 旺旺咨询率和旺旺咨询转化率的变化图

因此，淘宝卖家必须针对不同的页面进行有效的优化，并且不同页面的优化都应该紧紧围绕买家的购买关注点，以提高访问深度。在买家的访问深度得到提升的同时，网店的旺旺咨询率和旺旺咨询转化率也会相应提高。

4.1.3　静默转化率

当淘宝卖家通过对各类页面的优化，使流量得到合理的分配时，随着访问深度的增加，网店的成交率也有了明显的提升。细心的卖家会发现有这样一类特殊的买家，这类买家对网店进行了深入的访问后，在没有咨询客服的情况下，直接完成了交易。某淘宝卖家为了透彻研究这一类买家的属性，专门制作了相关的数据统计表格，如表4-3所示，对访客类型、回访客占比、回头客占比及静默转化率进行了详细的数据分析。

表4-3　网店访客的类型

访客类型	浏览量	访客数	回访客占比	回头客占比	静默转化率
老客户	526	301	42.45%	40.13%	60.49%
其他	1033	469	12.13%	7.61%	1.26%
自主访问的新客户	611	346	20.42%	17.56%	21.34%

1.　访客类型

图4-13所示为该网店的买家类型构成图，从图中可知，老客户（购买2次及以上）是该网店订单的主力军。因为这类买家已经对网店商品的质量、客服的态度及物流的及时性非常认可，这部分买家再次购买的时候通常不会再咨询客服而是直接完成交易。

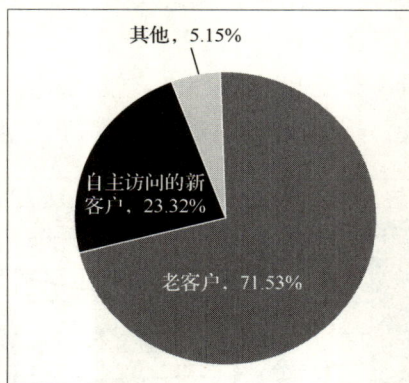

图4-13｜网店的买家类型构成图

除了"老客户""自主访问的新客户"数据指标之外，"其他"这一项的数据指标也不容忽视。从图4-13可知，其他类型的买家占比为5.15%，其他类型的买家主要是由老客户带来的新客户，这说明网店的整体实力水平赢得了老客户的信赖，老客户把网店推荐给了周围的亲朋好友。因此，淘宝卖家必须维护好老客户的关系，以便他们为网店的口碑做免费、高效的宣传。

2. 回访客占比

回访客是指在6天内再次访问网店或宝贝的访客；回访客占比是指在6天内再次访问网店或宝贝的访客与访客总数的比值。回访客占比越高，说明买家对网店或宝贝越感兴趣，购买欲望越强烈。

该网店的回访客占比较高的是老客户，他们在回访的同时，既增加了网店的人气，又提高了网店的潜在成交率。

3. 回头客占比

回头客是指曾经在网店发生过交易，再次在该网店发生交易的访客；回头客占比是指一段时间内在网店发生过交易的访客与该时间段内总访客数的比值。回访客占比越高，说明买家对网店的信任度越高，黏性越强。

4. 静默转化率

静默成交访客是指没有咨询客服而直接完成下单的访客；静默转化率是指静默成交访客数占访客总数的比例。公式为：

静默转化率= 静默成交访客数/访客总数

静默转化率主要考察的是网店的整体水平，包括网店的装修、宝贝的描述、网店的DSR动态评分等。一般而言，买家没有任何犹豫就直接完成下单的交易，多见于淘宝官方的各种促销活动，类似淘宝"双11"促销、限时秒杀等。

综上分析，该网店的静默转化率的"功臣"是老客户。因此，网店的静默转化率的维护和提升也就是老客户关系的维护。同时，淘宝卖家也需要积极开发更多的优质新客户。

4.1.4 订单支付率

淘宝卖家偶尔会遇到这样的情况，有一小部分买家在下单之后却迟迟没有付款。某淘宝卖家针对这种情况对网店最近一个月订单支付相关的数据做了整理，结果如表4-4所示，并且按照访客来源对订单支付率进行了数据化分析。

表4-4 访客来源对订单支付率的影响

访客来源	浏览量	访客数	订单金额/元	成交金额/元	订单支付率
淘宝宝贝搜索	2569	1299	6398.75	4215.42	65.88%
买家中心	821	736	3156.88	3034.12	96.11%
淘宝活动	4799	2328	7941.39	5879.63	74.04%
淘宝付费推广	3145	1052	2349.11	1464.12	62.32%
淘宝其他页面	1531	527	163.45	56.37	34.49%
站外访问	899	312	80.18	32.46	40.48%

1. 访客来源

该淘宝卖家把网店的访客来源比例制成了图表，如图4-14所示，从网店的访客来源细分可知：该网店的访客来源占比较高的分别是淘宝活动、淘宝宝贝搜索、淘宝付费推广以及买家中心；网店流量的渠道较多，其中包括自主访问流量、站内免费流量、站内付费流量以及站外流量，说明网店的推广比较成功，尤其是网店参加淘宝活动，为网店引进了大量的优质流量。

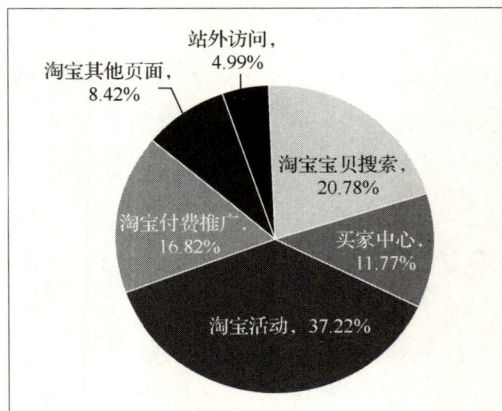

图4-14 | 网店的访客来源比例

2. 订单支付率

结合表4-4分析可知，访客来源是影响订单支付率的因素之一，该网店订单支付率最高的访客来源分别是买家中心、淘宝活动、淘宝宝贝搜索和淘宝付费推广。

通过买家中心访问的访客主要包括来自"我的交易""我的购物车""已买到的宝贝""我的收藏"以及"维权管理"等的访客。一般而言，通过买家中心访问网店的访客对宝贝或网店比较感兴趣，购买意向也较强，其中包括一部分再次进店消费的老客户，因此，这类访客的成交转化率和订单支付率也会相对较高。

淘宝活动的最大功能是在最短时间内为网店带来大量的优质流量和较高的成交转化率。许多新手淘宝卖家选择在开店初期参加大量的活动，积累网店的人气。该网店的淘宝活动的访客占比为37.22%（见图4-14），说明网店在近期参加的淘宝活动较多，且活动的策划运营能力较强，成功为网店带来了大量的优质买家。

淘宝宝贝搜索是大部分买家在淘宝购物的第一选择。但是该网店宝贝搜索的访客占比较小，因此，卖家接下来需要针对宝贝搜索进行优化，其中主要包括宝贝的价格、主图及关键词的优化等。

淘宝付费推广能为网店带来精准的流量和潜在的优质买家。该网店的付费推广访客占比为16.82%（见图4-14），付费推广的成本较高，但是访客量较低。因此，卖家需要根据网店具体的付费推广方式采取合理的改进措施，为网店吸引更多的新访客。

4.2 从搜索到成交客户看什么

在众多的淘宝网店中，是什么因素吸引了买家的兴趣使其对网店进行了访问呢？对此，卖家需要站在买家的角度去思考问题：假如你是买家，你最希望在主图上看到什么，哪些信息才是最有用的，最后让你下单购买的因素又是什么。

卖家在明白了买家的关注点之后，再对网店进行整体的规划与设置，吸引买家进店访问，让买家了解宝贝的材质，看到宝贝细节和属性，最后消除买家的疑虑完成交易。

4.2.1 主图与价格

当买家在浏览整个网页的时候，能在第一时间内迅速给买家留下较深印象的是主图和价格。主图能吸引买家点击访问，而价格又是影响宝贝点击率高低的关键因素之一，当宝贝的价位符合大众买家的消费层次时，宝贝的点击率就会较高。

1．主图

甲网店的一款单肩包宝贝，在主图优化之前，成交量只有11，如图4-15所示；但是在宝贝主图优化之后，宝贝的成交量突破1000，如图4-16所示。同一款宝贝，仅仅是因为主图不同，成交量差距可见一斑。

很多新手卖家不重视主图的设计与美化。在价格相同的情况下，主图的美化程度越高，给买家留下的印象越深，越能吸引买家点击主图进行访问，相关数据如表4-5所示。

图4-15 | 优化前的销量　　　　图4-16 | 优化后的销量

表4-5　优化前后的有关数据对比

主图	浏览量PV	访客数UV	有效入店率	成交转化率
优化前	1679	627	21.45%	9.23%
优化后	3560	1749	45.72%	38.46%

　　优化之前，主图只是宝贝的一个正面，而优化之后的主图加入了同款宝贝不同样式的图、模特图以及背景图，优化后的主图更能契合宝贝的关键词"春夏新款"，在视觉上，优化后的主图给买家的印象更加深刻，从而使宝贝的各项相关数据显著提升。

2. 价格

　　图4-17和图4-18所示分别为甲、乙两家网店的同一款斜挎包的定价，甲网店的定价为88.00元，乙网店的定价为89.00元，尽管只相差1.00元，但是两家网店的销量却相差较大。

图4-17｜甲网店的定价　　　　图4-18｜乙网店的定价

　　对不同网店的同款宝贝而言，价格对宝贝有直接的影响，如表4-6所示。

表4-6　定价对成交转化率的影响

网店	定价/元	浏览量PV	访客数UV	宝贝页平均停留时间/秒	成交转化率
甲	88.00	2389	1664	146	33.16%
乙	89.00	1344	801	78	12.53%

　　从买家的求廉心理来分析，当发现同款宝贝时，买家会不自觉地先比较价格，虽然只相差1.00元，但是给买家的心理感受却是定价为"88.00"的宝贝更便宜。因此，大部分买家会优先选择价格相对较低的宝贝。

▌4.2.2　效果图与库存量单位

买家在网店浏览宝贝详情页的时候，最关注的是宝贝的效果图和库存量单位（Stock Keeping Unit，SKU）。效果图是指在宝贝的首页直观展示给买家看的宝贝实物图片；SKU是指在宝贝供买家在下单的时候选择的销售属性集合，如颜色、尺码及规格等。图4-19所示从左到右框起的部分分别是斜挎包的效果图和SKU。

图4-19│效果图与SKU

1．效果图

宝贝的效果图可展示多个颜色，也可以展示卖家赠送的小礼物。为了更好地宣传网店的宝贝，吸引买家深入访问，淘宝卖家也可以在效果图中加入视频，其具体操作步骤为：网店装修—加入自定义模块—编辑模块—视频插入。效果图的质量能直接影响买家对宝贝的深度访问和成交转化率。

2．SKU

在淘宝的卖家中心，部分SKU的属性值部分可以由卖家自定义编辑，部分则不可编辑。图4-20所示为在宝贝发布页面中"宝贝规格"板块下的SKU属性值。

图4-20│卖家可编辑的SKU属性值

当买家在访问宝贝详情页时，会看到宝贝的不同颜色和尺码分类，这在一定程度上能增加买家在宝贝详情页的停留时间，同时，也能激发买家对该宝贝的潜在购买欲望。仍以图4-19所示斜挎包为例，淘宝卖家对该款斜挎包买家的访问行为做了数据统计，如图4-21所示。

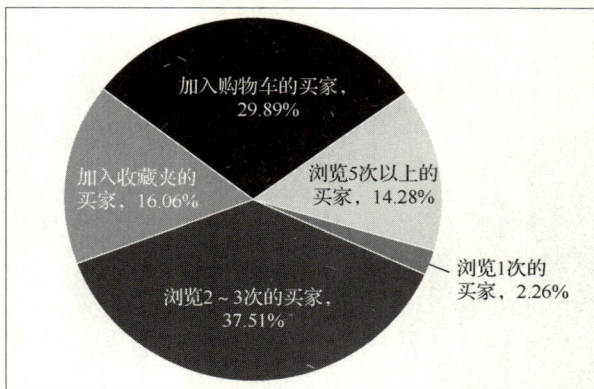

图4-21 | 买家的访问行为统计

淘宝卖家通过对买家访问行为的分析，可以进一步分析出宝贝目前的情况。分析图4-21可知，浏览两次及以上的买家占比较大，说明买家对该宝贝访问深度较高，这部分买家的成交率也会相对较高；加入购物车和收藏夹的买家对宝贝比较感兴趣，但是出于某种原因没有下单，而是通过某种方式对宝贝进行保存，方便下次直接访问该宝贝页面。卖家接下来应该进一步分析宝贝存在的问题，针对具体的问题采取相应的优化措施。

4.2.3　累计评论

宝贝的累计评论已经成为大部分买家下单的重要参考依据。累计评论是指已经买到或使用过宝贝的买家对该宝贝的颜色、质量等做出的全方位的评价。

淘宝网店的累计评论决定着网店的好评率。当买家想要了解更多的宝贝信息时，通常会选择访问宝贝详情页，宝贝详情页内就有累计评论。图4-22所示为某宝贝的累计评论。累计评论也影响网店的累计信用积分，好评网店加1分，中评网店不计分，差评网店扣1分。在买家评价后的30天之内，买家可以删除或修改对卖家的中评或差评。在每个自然月中，相同的买家和卖家之间的信用评价积分不超过6分。

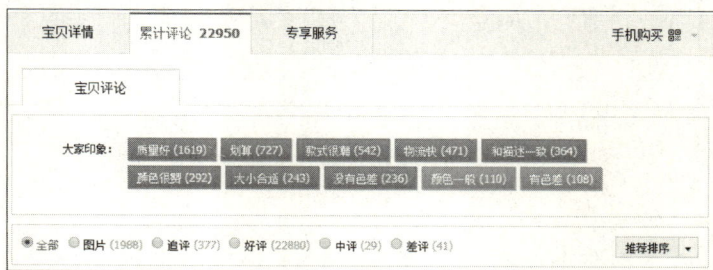

图4-22 | 累计评论页面

淘宝卖家不仅要关注点击量，还应该关注每一个细分的板块，其中累计评价很容易影响买家的购买欲望，尤其是中评和差评，因此，卖家需要格外关注宝贝的中评和差评。

4.2.4 细节图与售后保障

细节图通过图片的方式，将宝贝的设计细节、做工细节、材质纹理细节及辅助材料细节等放大展示，更清楚地介绍宝贝、美化宝贝详情页；售后保障是指淘宝卖家为买家提供的售后服务保障的介绍。

1. 细节图

细节图的主要作用是突出卖点，让网店的潜在买家更加详细地了解宝贝，打消其购买前的顾虑，最终完成交易。图4-23所示为斜挎包的细节图。

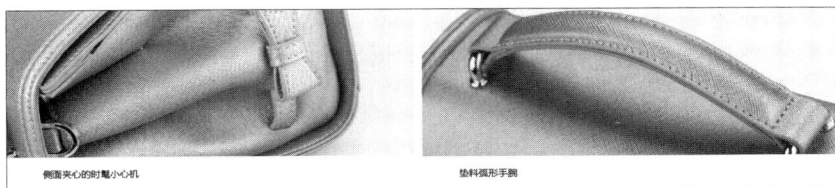

侧面夹心的时髦小心机　　　　垫料弧形手腕

图4-23｜斜挎包的细节图

一般而言，大部分浏览宝贝详情页的买家对宝贝都很感兴趣，但是出于对宝贝的做工、材质以及质量的疑虑而犹豫不决，通常需要反复浏览宝贝详情页的细节图。如果淘宝卖家在宝贝详情页展示出宝贝的细节图，买家会感受到淘宝卖家的用心，进而大大减少心里的顾虑，从而极大地提升宝贝的成交转化率。

如果新手淘宝卖家不知道如何设置宝贝的细节图，可以学习一些销量较高的网店。销量较高的网店一般在细节图方面都做得比较完美，专业的拍摄能使细节图真实而细腻，能把宝贝的各个细节部分全方位地展示给买家。

2. 售后服务

在竞争日益激烈的今天，售后服务的优劣能直接影响客户对网店各个方面的满意程度，售后服务已经成为保持和维护一个网店形象的重要指标。表4-7所示为某网店不同类型客户的成交转化率。

表4-7　某网店不同类型客户的成交转化率

访客类型	浏览量	访客数	平均访问深度	平均购买频次	成交转化率
新客户	2010	498	2.5	1	23.12%
老客户	1562	123	1.13	3	52.88%

根据表4-7所示，老客户的平均购买频次（平均购买频次是指客户在一段时间内在该

网店的平均消费次数。这一数据指标反映了网店的客户黏性和满意度。）为3，成交转化率为52.88%，远远高于新客户的平均购买频次和成交转化率。

对于淘宝网店而言，开发一个新客户的成本往往高于维护一个老客户，因此，保持和提升客户对网店的黏性和忠诚度是提高购买频次的前提与基础。

随着客户的维权意识的提升和消费观念的转变，客户不再仅重视宝贝本身的价值，在质量和性能类似的情况下，客户会更倾向于能提供优质服务的网店。

4.3　优化影响宝贝成交的因素

影响宝贝成交的因素有很多，对网店来说，主要是关键词、宝贝主图、宝贝首页、宝贝详情页。关键词和宝贝主图能吸引买家的注意力，增加宝贝的点击率和流量；宝贝首页能加深买家对网店的印象；而买家花费较多时间的页面往往是宝贝详情页，买家通过宝贝详情页了解宝贝的材质、尺寸、流行元素及细节等。接下来将逐步讲解如何优化这些因素，来提升网店的成交转化率。

4.3.1　优化关键词和宝贝主图吸引点击

不同买家进入宝贝首页的渠道不同，其中很大一部分买家是直接通过淘宝的搜索栏输入关键词搜索，根据搜索结果进入宝贝首页的。表4-8所示为某服饰淘宝网店的搜索关键词报表。

表4-8　某服饰网店的搜索关键词报表

序号	关键词	到达页浏览量
1	2017新款	899
2	连衣裙 夏	646
3	甜美	313
4	勾花镂空	246
5	欧美时尚	106
6	连衣裙 长裙	88
7	碎花	41
8	荷叶边	23

在这里，注意区别到达页浏览量与浏览量的区别。到达页浏览量是指某来源带来的浏览量，如买家通过淘宝搜索到达宝贝首页1次，那么，该来源的到达页浏览量为1；而浏览量不仅包括某来源给入口带来的浏览量，还包括给后续页面带来的浏览量，如买家通过淘

宝搜索到达宝贝首页1次，接下来还访问了同一网店的其他4个页面，那么，该来源的浏览量为5。

根据表4-8可以看出搜索关键词对到达页浏览量有一定的影响。因此，卖家首先需要通过优化关键词，提升宝贝主图的到达页浏览量。

主图的功能主要是吸引买家的注意力，增加点击率。在价格相同的基础上，主图的优化程度越高，买家的点击量就越高。当网店的流量增加时，相应的潜在销量也会上升。因此，淘宝卖家需要在主图上加大优化力度，提升主图的点击率，吸引更多的买家对宝贝首页进行访问。

4.3.2　优化宝贝首页加深印象

当主图吸引买家点击后买家就进入到了宝贝首页。图4-24所示为某款针织衫的宝贝首页，买家通过宝贝首页可以看到整个网店导航栏的所有宝贝分类；也可以知道这件宝贝是新款，正在进行限时促销活动；同时也可以看到卖家设置了淘金币抵钱，这在一定程度上能刺激潜在客户。

图4-24｜宝贝首页

宝贝首页是淘宝网店的核心组成部分，具有承前启后的作用。一方面，承接着从主图而来的流量；另一方面，疏导流量，引导买家对宝贝详情页进行深层次的访问，或者访问网店的其他的宝贝页面。新手淘宝卖家应该重视对宝贝首页的设置与优化。如果不知道该如何设置宝贝首页，可以参考同行网店宝贝首页的设置。表4-9所示为该款针织衫最近30天宝贝首页的点击情况表。

表4-9　宝贝首页的点击情况表

	访客数	页面平均停留时间/秒	平均每次访问页面数	跳失率
宝贝首页	1828	23	2.3	52.39%

从表4-9的相关数据指标分析可知，宝贝首页流量较大，但是宝贝首页的停留时间偏长，宝贝首页作为网店流量的过渡页面，平均停留时间为23秒；平均每次访问页面数为2.3，说明宝贝首页能够引导买家进行更深层次的访问。

宝贝首页的跳失率是考核一个页面的用户黏性的数据指标。该款针织衫的访客数（UV）为1828，跳失率为52.39%，说明约有957人访问了宝贝首页就离开了。宝贝首页的跳失率应尽量控制在50%以下。淘宝卖家要想降低宝贝首页的跳失率，需要进一步对首页进行优化。

4.3.3　优化详情页留住买家

买家通过主图对宝贝首页进行了访问，接下来，买家将对宝贝详情页进行深入访问。通常深入访问宝贝详情页的买家的购买欲望较高，淘宝卖家应该充分抓住这一部分优质的流量，实现成交转化。因此，卖家应该对宝贝的详情页进行全面的优化，留住这部分买家。

卖家在对宝贝详情页进行优化之前，应该先听听买家的"心声"。某淘宝卖家抽样调查了买家对宝贝详情页的意见和看法，如图4-25所示。

从图4-25可知，买家对宝贝详情页的意见可以分为详情页排版、宝贝的材质介绍、宝贝的尺码以及宝贝的图片4类；其中对宝贝的图片的意见较多，主要是图片美化过度、图片冗杂、模特图数量过多以及细节图的缺失。

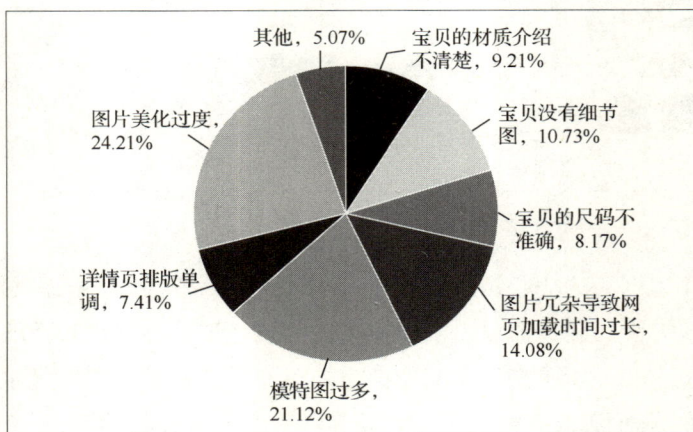

图4-25｜买家对宝贝详情页的意见

因此，该淘宝卖家在清楚了买家的意见后，对宝贝详情页进行了设置。最优质的宝贝详情页的特点是在最短时间内为买家提供他们最需要的信息。图4-26所示为买家希望在宝贝详情页看到的东西。

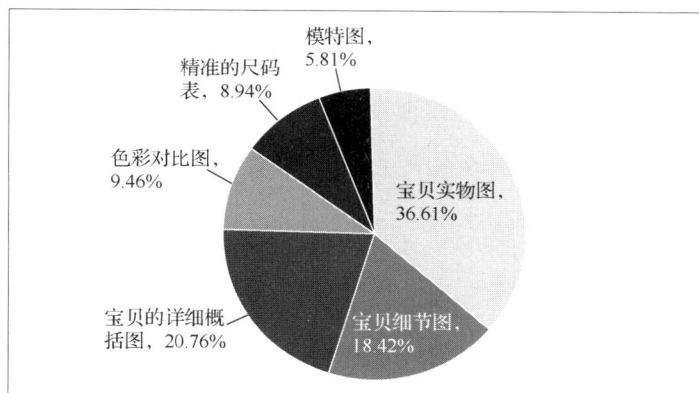

图4-26｜买家希望在宝贝详情页看到的东西

1. 实物图的优化

实物图是对宝贝各角度的展示和诠释，能让买家对宝贝有个全面的了解。淘宝卖家一般选择挂拍或平铺拍摄，图片有宝贝的正面、侧面和反面；文案的描述包括宝贝的厚薄、长度、透气性以及舒适度等。

2. 细节图的优化

买家希望在宝贝详情页看到细节图，无非是想了解宝贝的材质、细节处的质量以及宝贝近距离观看的效果。淘宝卖家可以通过拍摄高清的细节图片给买家呈现宝贝的真实情况。

3. 宝贝详情介绍的优化

图4-27所示为该网店一款风衣的详情介绍，其中主要包括品牌、成分含量、颜色分类、尺码、流行元素、面料和年份季节等参数。

图4-27｜宝贝详情介绍

4. 尺码表的优化

尺码表是宝贝型号的说明书。买家在了解了宝贝的型号之后才会有购买的欲望。淘宝卖家需要提供测量尺码的方法、宝贝型号说明、模特试穿的身材参数等，如图4-28所示。

图4-28 | 宝贝尺码图

5. 模特图的优化

模特图是对宝贝的立体呈现，买家通过模特图可以很直观地对宝贝有较深的印象。淘宝卖家提供的模特图应该符合品牌的定位，在宝贝详情页展示的模特图应该是高清的全身图，并从不同角度进行诠释，多色彩系列的宝贝应该对所有色彩进行展示，并以主推色为主，如图4-29所示。

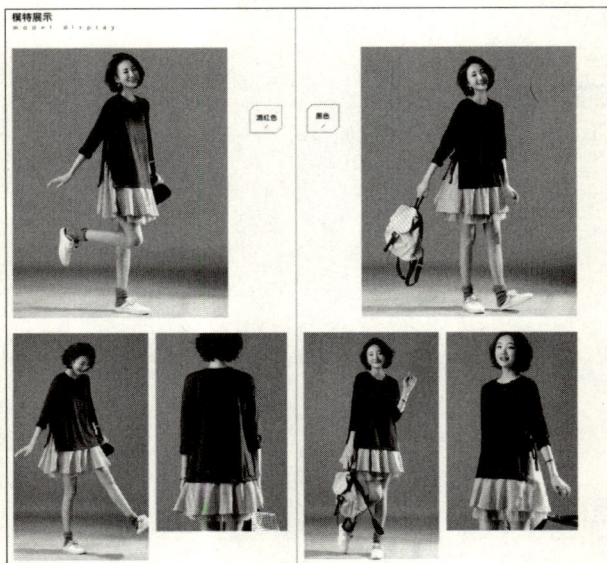

图4-29 | 宝贝详情页的模特图

本章小结

通过本章的学习，读者可掌握成交转化率的漏斗模型，并能从有效入店率到成交转化率逐步解读买家从入店到成交的全过程。在掌握了理论的基础上，读者可再结合实际情况分析买家的购买心理和行为，了解从搜索到成交的过程中买家是根据哪些指标完成最终的交易的。最后，本章还总结了影响成交转化率的因素和对应的优化策略。

课后思考题

淘宝卖家小王不断地摸索和学习，网店的流量和人气有了明显的改善。但是细心的小王发现，网店有不少访客浏览了一个页面就离开了，且宝贝的成交转化率较低；其中有一小部分买家只把宝贝加入了购物车，却没有付款结算。针对这些情况，小王又没辙了。

请结合本章所学的知识，帮助小王分析出现这种状况的原因，并且告诉小王应该从哪些方面改善和提升宝贝的成交转化率。

第5章
网店客单价
分析

越来越多的买家花大量的人力、物力和财力做大量的引流，参加淘宝的各种活动，最后让网店成功地获得了较高的人气和成交转化率。但是最后核算却发现网店的利润并不是特别理想。为什么高销量却不能带来高利润呢？

在流量相同的情况下，客单价的高低直接决定了网店的销售额的多少。尽管淘宝卖家通过各种渠道和活动提升了网店的销售量，但是绝大多数买家在网店只消费过一次，且消费金额并不高，网店的利润自然也不会太高。

因此，如何提升客单价，实现网店的利润最大化，是每个淘宝卖家关注的核心问题。

本章关键词

- 客单价的定义及公式
- 利用爆款提升客单价
- 利用网店定位提升客单价
- 网店类目的广度与深度
- 挖掘客户的购买能力

本章数据分析中的图表展示

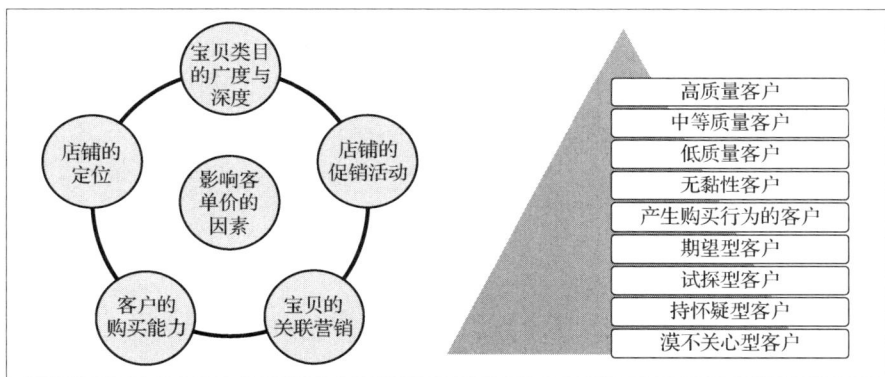

5.1 认识客单价

提升客单价实现网店的利润最大化是每个淘宝卖家关注的核心问题。在分析影响客单价的因素之前，淘宝卖家首先需要掌握什么是客单价，它对网店有什么作用，该从哪些方面去分析。

客单价是每一个用户在一定周期内，平均购买宝贝的金额，即平均交易金额。客单价=成交金额÷成交用户数，销售额=购买人数×客单价。因此，客单价是影响网店盈利的因素之一，在流量相同的前提下，客单价越高，销售额就越高。解析客单价需从宝贝类目的广度与深度、店铺的促销活动、宝贝的关联营销、客户的购买能力以及店铺的定位几方面做深入的分析，如图5-1所示。

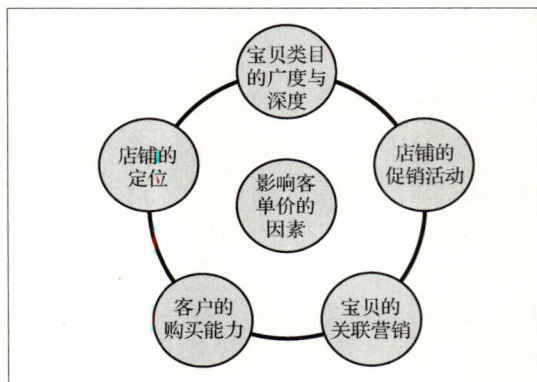

图5-1 | 影响客单价的5大因素

5.2 利用爆款提升客单价

　　爆款是指网店里的销量很高甚至供不应求的宝贝。在如今的网购环境下，爆款扮演着"催化剂"的角色，爆款在最短时间内能给网店带来大量的流量和较高的成交转化率。在清楚了爆款的好处之后，很多卖家会萌生打造网店爆款的想法。但是，一部分新手卖家会提出疑问：打造爆款究竟该怎么做呢？爆款背后有无可以参考的方法或规律呢？

　　淘宝卖家可以把客户的购买过程作为打造爆款的切入点。当客户在网购时，通常会经过图5-2所示的流程。

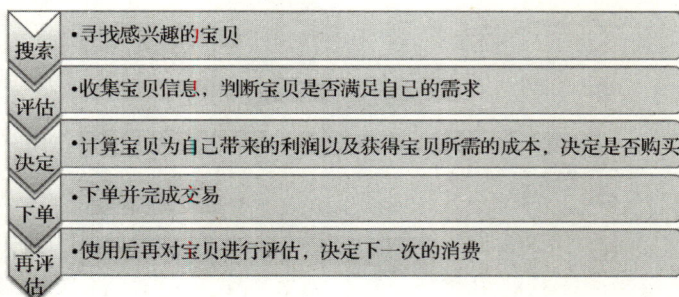

图5-2 | 客户购物的流程

　　在掌握了客户的购物流程之后，我们再来对爆款进行分析。在淘宝网站上，宝贝的展示主要依靠视频和图片，买家获得了解宝贝的渠道相对较少，因而更加倾向于听取已经购买过该宝贝的第三方的意见。如果第三方的意见绝大多数是积极的，就会有更多的买家下单成交，进而慢慢形成"爆款"，这也是爆款的雏形。

尽管爆款的雏形受买家的从众行为的影响，但是也仅仅是一个雏形而已，淘宝卖家要真正地打造网店的爆款，还需要依靠网店的整体营销策划。那么，淘宝卖家应该怎样最大限度地把流量转化为销量呢？

5.2.1 爆款是流量的重要入口

爆款的具体表现形式就是高流量、高曝光量、高成交转化率。但是爆款从严格意义上来讲分为两种，即引流爆款和盈利爆款。引流爆款也叫小爆款，盈利爆款也叫大爆款。从成本上来讲，引流爆款的利润往往比较低。本节着重讲解引流爆款。

爆款让众多卖家关注的原因主要是通过某单件宝贝的热销，拉动网店的成交额快速增长，甚至影响一整个季度的销售格局。在成功打造爆款后，卖家可以从这个周期中循环获得利益。因此，越来越多的淘宝卖家重视爆款的打造。一般情况下，大部分中小卖家的网店正处于成长期，活动运营策划能力较弱。因此，许多中小卖家通常会借助各种淘宝官方的促销活动打造爆款。

某淘宝网店在5月17日参加了天天特价活动，成功打造了网店的爆款。该网店最近25天的流量变化情况如图5-3所示。

从网店的流量变化趋势图可以看出该网店在最近25天内流量变化很大。5月1日至5月16日，网店的流量比较低；5月17日至5月19日，网店的流量几乎呈直线上升趋势；5月20日至5月25日，流量趋于稳定，总体趋势平缓上升。预测在未来的3～5天内，网店的流量可能会有所下降。

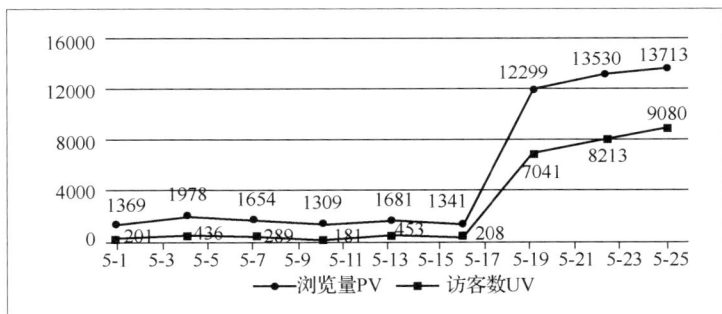

图5-3 网店流量变化趋势图

某淘宝卖家在参加了天天特价活动后，以时间为维度，对网店流量相关的数据浏览量（PV）、访客数（UV）、平均访问深度以及访客回头率进行了对比分析，相关数据如表5-1所示。

表5-1 网店流量的相关数据表

	浏览量（PV）	访客数（UV）	平均访问深度	访客回头率
参加活动第二天	16713	10860	2.78	21.85%

	浏览量（PV）	访客数（UV）	平均访问深度	访客回头率
参加活动第一天	14219	9446	2.71	23.46%
上周同期	8329	6019	1.23	3.44%
同期增长比率	100.66%	80.43%	126.01%	535.17%

从表5-1可知，网店的爆款在为网店带来大量流量的同时，也使得网店的平均访问深度和访客回头率得到了相应的提升。平均访问深度从侧面反映了网店对买家的黏性，买家的平均访问深度高，说明买家对网店的其他宝贝也比较感兴趣。如果淘宝卖家在网店的关联营销上运用一定的方法和技巧，可以提升网店潜在客单价。

5.2.2　爆款的选款

由于爆款对网店有很大的提升作用，越来越多的卖家加入到打造爆款的热潮中。打造爆款的第一步就是选款。选款是打造爆款至关重要的一个环节，选对了宝贝就已经成功了一半，如果选择了错误的宝贝，那么，后续的推广和优化都只是徒劳。淘宝卖家应该从以下两个方面来对爆款宝贝进行选择。

1. 根据目前热销的类目选款

新手淘宝卖家在选款之前可以参考淘宝目前的热销类目，因为现阶段热销的款式是经过一段时间沉淀积累起来的。新手淘宝卖家通过淘宝排行榜可以了解现阶段热销类目的成交和搜索趋势，如图5-4和图5-5所示。

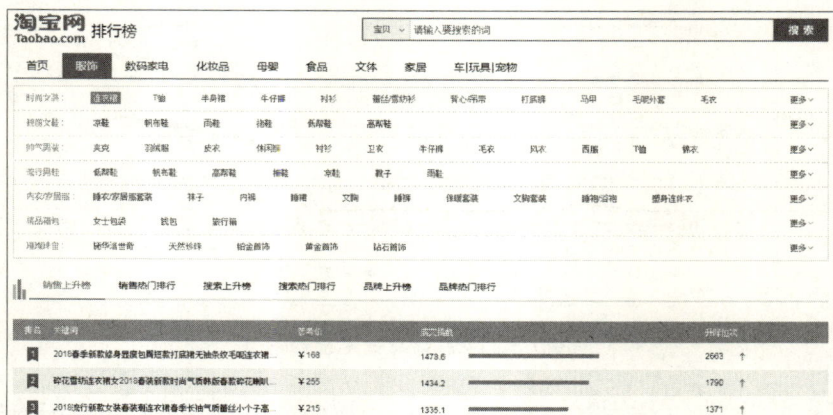

图5-4 | 淘宝类目销售上升榜

根据淘宝的热销类目淘宝卖家大致可以确定现阶段消费市场的需求是什么，淘宝卖家选款应以客户的需求为出发点，把握好市场的趋势，也可以参考线下的市场调研结果为选款决策提供更多的依据。

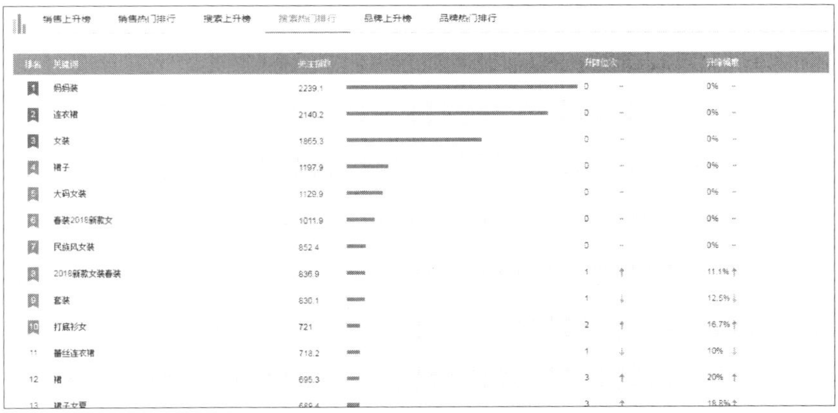

图5-5 | 淘宝类目搜索热门排行榜

2. 根据自身的实际情况选款

选款最重要的是结合自身的实际情况，不同网店的实际情况不同，卖家需要从价格、货源以及测款3个方面进行选款。

（1）价格

本书第2章已经详细讲解了网店不同宝贝的定价策略。一个网店的宝贝定价主要划分为高、中、低3个价位。一般情况下，爆款宝贝主要是选择网店的中等价位的宝贝。由于新手卖家在初期缺乏活动运营策划的能力和经验，很难对高等价位的宝贝做出合理的把控；而中等价位宝贝凭借其价格适中、质量较好、款式新颖等优势能够迅速被买家所接受。

新手淘宝卖家在制定爆款的价格时，应尽量把价格制定得略低于同行同款宝贝的价格，因为爆款的主要作用是引入流量，而价格的优势能在第一时间为网店带来大量的流量。

（2）货源

爆款代表高销量，淘宝卖家在打造爆款之前应该保证货源的充足，如果中途出现断货的情况，将会严重影响爆款的形成。即使接下来的货源补充再到位，也很难形成爆款的持续高销量。因此，新手卖家在没有足够经验的情况下，可尽量选择大众货源的宝贝作为爆款。

（3）测款

在推广宝贝之前，淘宝卖家应该明确哪款宝贝更受买家青睐，在没有进行充分的调研之前，淘宝卖家不要凭借主观判断而随意选款。某淘宝网店对同等价位的3款不同宝贝进行了测款，同时将3款宝贝上架，并且记录了3款宝贝在最近30天的相关数据指标，结果如表5-2所示。

表5-2　测款数据统计表

宝贝	浏览量	访客数	点击率	跳失率	成交转化率
A	1491	399	23.44%	58.37%	14.19%
B	1543	671	37.16%	36.31%	29.26%
C	1810	483	31.23%	49.26%	10.13%

综合各项数据指标分析可知：A宝贝的点击率过低，表示A宝贝不能在第一时间内吸引买家的注意力；C宝贝的跳失率较高，虽然跳失率不能精准表明宝贝的受欢迎程度，但是基本上可以确定这款宝贝对网店的影响，如果跳失率过高，会直接影响网店其他宝贝的引流销售情况。因此，B宝贝应该被选为爆款宝贝。

5.2.3　爆款的深度优化与推广

淘宝卖家确定了网店的爆款宝贝后，深度推广和优化则是打造爆款最重要的环节。不同的淘宝网店主营的类目不同，在实际的优化操作中，淘宝卖家往往会根据市场的变化，适当地调整宝贝的标题，使之与市场需求达到最佳匹配的状态。这样能够使宝贝在不同的时间段都能达到最大的引流效果，最终使宝贝成为爆款。下面将讲解宝贝标题的关键词优化。

1. 筛选类目转化率

一款宝贝要想在市场需求旺季打造成爆款，最大化地引入流量，一般而言，宝贝的标题会需要修改一到两次。因为在市场需求旺季之前，淘宝卖家的数据来源主要是去年的相关数据以及经验，可供选择使用的关键词相对较少。除此之外，关键词还会受到社会热门事件、流行趋势等多方面因素的影响。

图5-6所示为某主营女装的淘宝网店统计的宝贝热门关键词，现将热门关键词的词表按照搜索人气进行降序排名；然后选中"转化率"一列，对转化率进行"自定义筛选"，筛选出转化率为"0"的热门关键词。

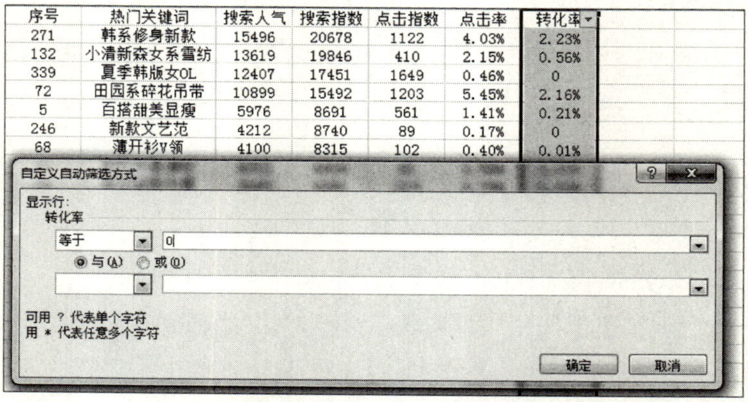

图5-6｜筛选热门关键词的转化率

转化率为"0"的热门关键词对于网店没有实质性的作用，不适合用于爆款宝贝的引流。所以，可以直接把转化率为"0"的热门关键词删除。图5-7所示是筛选后的热门关键词。

序号	热门关键词	搜索人气	搜索指数	点击指数	点击率	转化率
271	韩系修身新款	15496	20678	1122	4.03%	2.23%
132	小清新森女系雪纺	13619	19846	410	2.15%	0.56%
72	田园系碎花吊带	10899	15492	1203	5.45%	2.16%
5	百搭甜美显瘦	5976	8691	561	1.41%	0.21%
68	薄开衫V领	4100	8315	102	0.40%	0.01%
11	宽松外套薄款	4013	6404	61	0.56%	0.03%
34	镂空短款外套	3649	6281	213	0.79%	0.02%
80	蕾丝边条纹雪纺	2327	4015	381	1.03%	0.06%

图5-7 | 筛选后的热门关键词

2. 筛选热门关键词

有一部分宝贝的属性词也是热门关键词，但是因为淘宝卖家数量庞大，导致这些关键词在搜索后也没有展现量，如"韩版""新款"等关键词。

在Excel表格中，淘宝卖家可以直接利用筛选器筛选热门关键词。按照图5-6所示方法，首先对整理的热门关键词按照搜索人气的降序进行排序，再选中热门关键词一整列，对热门关键词进行筛选，取消勾选明显和宝贝属性关联不大的热门关键词，如"韩国代购""连衣裙"，如图5-8所示。

图5-8 | 筛选热门关键词

最终筛选结果如图5-9所示。Excel表格可以一次性排除多个关键词，大大减轻了淘宝卖家的工作量。

序号	热门关键词	搜索人气	搜索指数	点击指数	点击率	转化率
2	雪纺裙 修身	13621	27894	19450	23.16%	3.33%
11	连衣裙 2015夏	8516	10525	1689	35.40%	2.16%
35	拉夏贝尔 春夏新款	7121	87644	113	16.32%	0.09%
56	韩国东大门 淑女款	5511	70456	139	14.06%	0.14%
79	连衣裙夏 长裙	3716	5123	410	6.43%	0.56%
112	沙滩裙 长裙	3204	4916	81	9.83%	1.01%
201	蝴蝶结 连衣裙	2910	3217	103	7.49%	0.03%
289	韩版修身 短裙	1326	2618	236	5.36%	0.45%
377	连衣裙 A字裙	1003	1516	99	6.01%	0.02%
412	公主裙	894	1075	46	4.82%	0.05%
501	高腰 连衣裙	615	723	216	25.76%	1.29%

图5-9 | 筛选后的热门关键词

在实际的操作中，大多数淘宝卖家会采用三级或四级类目词表来选择宝贝的关键词。但是针对爆款宝贝，新手淘宝卖家可以采用操作方便的二级类目词表。而一级类目词表能反映出近期需求量最大的品类，为后续使用相关的热门关键词提供参考依据。

5.3　利用网店优势提升客单价

客单价的提升不是简单地提高宝贝的销售价格，从客单价的公式分析：

客单价=成交金额÷成交用户数=笔单价×人均购买笔数

公式中的笔单价是指每一笔订单的平均消费额度。笔单价=总成交金额÷订单总笔数。例如，某网店在某天的11:00—12:00，共有10个买家在网店发生交易行为，成交总额为1000元，其中9个买家都只成交了一笔订单，有1个新手买家不懂怎么加入购物车，共拍下了3件宝贝，分别付了3次款，最后完成交易。

那么，网店的客单价为1000÷10=100（元）；笔单价为1000÷（9+3）=83.33（元）。

客单价是由笔单价和人均购买笔数决定的。笔单价与定价有关，宝贝的定价主要由买家属性和网店属性决定，而人均购买笔数的重点则是关联营销。关联营销是指一个宝贝详情页同时放了其他同类、同品牌、可搭配的关联性较强的宝贝，由此可以达到提升其他宝贝的浏览量和成交转化率的目的。每个网店销售的宝贝的市场定位不同，所以，不同的网店会产生不同的客单价。

每家淘宝网店都有自己独特的优势，如装修风格、宝贝包装、推广渠道以及营销方法技巧等。淘宝卖家需要以网店的实际情况为立足点，巧妙运用网店的优势提升客单价。

5.3.1　网店的定位

网店的定位直接决定了一个网店所服务的消费市场。网店的定位主要包括价格的定位和宝贝的定位。

1．价格的定位

科学合理的价格定位能在最大程度上提升网店的客单价。在淘宝网店的消费群体确定后，卖家还要考虑怎样用价格对网店进行定位。

一家主营服饰的淘宝网店肯定会有不同款式、不同风格和不同质量的服装，而对应的价格也会所有不同。网店可以直接按照价格定位将网店的消费群体划分为高端消费层级买家、中端消费层级买家和低端消费层级买家，并为相关宝贝定价。

例如，一家主营3～12岁童装的服饰店，淘宝卖家巧用定价制定了提升客单价的战略方案，如图5-10所示。

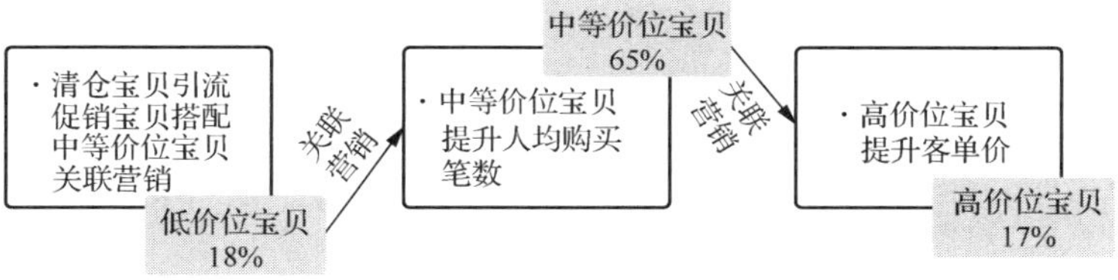

图5-10 | 提升客单价的战略方案

从网店的提升客单价的战略方案中可以看出，该童装店的低价位宝贝约占18%，中等价位宝贝约占65%，高价位宝贝约占17%，卖客还运用了关联营销。

又如，某淘宝卖家直接利用低价位宝贝提升客单价，低价位的连衣裙为19.9元，累计销量为2922件，卖家又在宝贝首页的"掌柜推荐"和"看了又看"对中等价位和高价位的连衣裙进行了关联营销，如图5-11所示。

图5-11 | 利用低价位宝贝提升客单价的具体战略方案

低价位宝贝主要是清仓宝贝和促销宝贝，清仓宝贝因为款式过时、断码缺码以及尾货等原因需要尽快销售，凭借低廉的价格能为网店带来大量的流量；而促销宝贝则是原本属于中等价位或高价位的宝贝，卖家采取促销的方式降价销售来吸引买家，并且在降价的同时，卖家把促销宝贝和中等价位的宝贝进行关联营销，尽量把买家的注意力吸引到中等价位的宝贝上；而中等价位的宝贝又和高价位的宝贝进行关联营销，高价位的宝贝的主要作用就是提升笔单价。

看似简单的提升客单价的方案，实则是卖家严谨的思维逻辑的成果，以低价位宝贝作为提升客单价的切入点，逐步把买家的注意力吸引到中等价位和高价位的宝贝上去。环环相扣的营销思路是新手淘宝卖家值得借鉴和学习的。

2. 宝贝的定位

宝贝的定位则是根据宝贝类目的广度与深度对网店进行定位。在开店之初，淘宝卖家就已经决定了自己网店的主营类目，随着网店的逐步发展，卖家应该进行更深层次的思考：如何利用宝贝类目的广度与深度提升客单价。

（1）宝贝类目的广度

宝贝类目的广度是指淘宝网店经营的不同宝贝类目数量的多少。一般而言，宝贝类目的广度越广，买家可选择的范围较广，越有利于提升客单价。

例如，A淘宝网店主营女装，同时也销售女包和女鞋，如图5-12所示。

图5-12｜宝贝类目的广度

当买家访问A网店时可供选择的类目较多。如果卖家针对不同类目的宝贝进行有效的搭配或关联营销，能在最大程度上提升网店的客单价。

（2）宝贝类目的深度

宝贝类目的深度是指淘宝网店同一种宝贝类目宝贝数量的多少。宝贝类目的深度能反映一家网店的专业程度，类目细分越多，表示网店越专业，买家越容易精准地找到需要的宝贝。

例如，B淘宝网店主营女装，针对女装又进行专业的细分：短袖T恤、中长款衬衫、衬衫、连衣裙、连体裤/连衣裤、蕾丝/雪纺衫、短裤和防晒衣，如图5-13所示。

买家在访问B网店时，能够快速地根据卖家对宝贝类目的细分找到想购买的宝贝。同一类目的宝贝，以高、中、低3等价位同时展现，有利于笔单价的提升。

图5-13｜宝贝类目的深度

5.3.2　同类宝贝客单价的提升

淘宝卖家可以通过提高宝贝的单价和提高人均购买笔数来提升客单价。直接提高宝贝的单价有一定的作用，但是客单价上升的空间有限。如果只提高宝贝的单价，可能会导致网店的买家数量减少。在不包邮的情况下，如果网店的同类宝贝的人均购买笔数由1笔增加到2笔及以上，网店的客单价和利润也将会翻倍增加，如表5-3所示。

表5-3　人均购买笔数对客单价和利润的影响

宝贝名称	笔单价/元	人均购买笔数	客单价/元	宝贝成本/元	宝贝利润/元
2018夏新款T恤	89	1	89	57	32
2018夏新款T恤	89	2	178	114	64
2018夏新款T恤	89	>3	>267	>171	>96

从表5-3中可以得知，同款宝贝在笔单价一定的情况下，人均购买笔数越多，宝贝的客单价就越高，利润也就越高。因此，如何提高人均购买笔数则成了众多淘宝卖家关注的热点问题。

一般情况下，同类宝贝主要以促销式营销的方式提升客单价，而促销式营销的方式也比较多，如×件包邮、第二件折扣等。其核心营销思想就是让买家感受到买得越多优惠越多，刺激买家的购买欲望。

1．×件包邮

×件包邮是众多淘宝卖家最常用的方法。包邮肯定会涉及成本的问题，但是卖家承诺

×件包邮，可通过增加人均购买笔数来提升客单价。

淘宝卖家要想通过×件包邮提升客单价，首先要预算出网店能承受的邮费成本是多少，网店能接受的最大的打折力度是多少，并估算网店的最大客单价与买家的接受度（即成交转化率）的平衡点。

例如，某淘宝网店主营男士衬衫，衬衫的定价为45元，宝贝成本为23元，卖家为了提升网店的客单价，设置了满×件包邮的促销活动。卖家统计了不同的促销方式与成交转化率的关系，结果如表5-4所示。

表5-4　不同的促销方式与成交转化率的关系

促销方式	人均购买笔数	客单价/元	成交转化率	总成本/元	利润/元
1件包邮	1	45	95.16%	33	12
2件包邮	1	90	68.23%	56	34
3件包邮	1	135	12.49%	79	56
3件以上包邮	1	>180	9.56%	>102	>78

从表5-4中可以分析出，×件包邮提升客单价最重要的是要考虑到网店的最大客单价与成交转化率之间的关系。根据网店的统计数据分析可知，2件包邮为该网店的最大客单价与买家接受度的平衡点。

除此之外，淘宝卖家还需要考虑邮费成本问题。买家来自全国各地，部分偏远地区的邮费偏高。卖家在包邮之前需要考虑偏远地区的邮费问题，不能为了提升客单价而盲目包邮促销。

2. 第×件×折

结合表5-4所示的范例，该淘宝卖家为了利用多种促销方式提升人均购买笔数，又制定了另外一种促销方式，即第×件×折，第1件原价，客单价为45×1=45（元）；第2件8折，即两件衣服的客单价为45+45×0.8=81（元），依此类推，第三件和第四件衬衫的客单价如表5-5所示。

表5-5　第×件×折的客单价与成交转化率的关系

促销方式	人均购买笔数	客单价/元	成交转化率	总成本/元	利润/元
第1件原价	1	45	41.25%	23	22
第2件8折	1	81	82.23%	46	35
第3件7.5折	1	123.75	18.01%	69	54.75
第4件7折	1	166.5	6.24%	92	74.5

对比表5-4，从客单价分析，包邮促销稍微高于打折促销；从成交转化率分析，网店采取"第2件8折"的促销方式的时候，打折促销成交转化率明显高于包邮促销。淘宝卖家

可以灵活运用不同的促销方式提升利润。

很多网店容易忽视宝贝效果图与SKU的优化，宝贝效果图能刺激买家的购买欲望，而SKU能为买家提供多种不同的选择，如图5-14所示。通过对宝贝效果图与SKU的优化，可充分提升客单价。

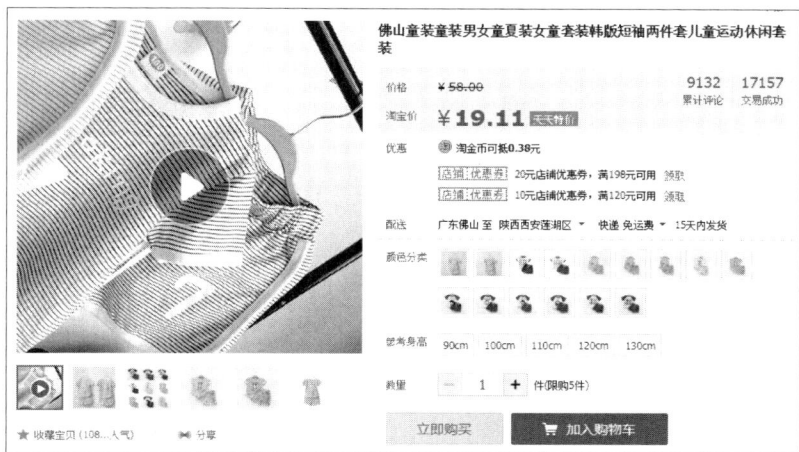

图5-14 | 宝贝效果图与SKU的优化

5.3.3 不同类宝贝客单价的提升

无论是淘宝客、直通车还是钻石展位，大部分的引流方式都需要投入大量的资金成本。让每个访客多浏览一个宝贝，在一个宝贝详情页多停留一点时间，是提升潜在的成交转化率和客单价的关键。因此，利用关联营销对宝贝进行精准的营销是每个新手卖家必不可少的营销技能。

在推广费用保持不变的情况下，一家主营女装的淘宝网店对网店的一件衬衫和一件短裙进行了数据测试，卖家在5月先采用"单件营销"的方法，并统计了5月的客单价变化情况，如图5-15所示。

开始测试时间	测试方法	测试宝贝	测试数据					
			时长/天	浏览量PV	访客数UV	人均购买笔数	笔价/元	客单价/元
2015年5月1日	单件营销	2015夏新款V领修身衬衫	1	397	151	3	49	147
			7	2312	898	18	49	882
			15	5670	2044	32	49	1568
			30	8961	3429	66	49	3234
		2015夏韩版时尚显瘦短裙	1	499	245	8	29	232
			7	1029	681	12	29	348
			15	2140	800	16	29	464
			30	3020	1297	22	29	638

图5-15 | 单件营销的客单价

在6月1日，卖家改变了营销方法，采用关联营销将衬衫和短裙进行相关性的搭配。

图5-16所示为6月的客单价统计表。

开始测试时间	测试方法	测试宝贝	测试数据					
			时长/天	浏览量PV	访客数UV	人均购买笔数	笔单价/元	客单价/元
			1	460	213	7	49	343
			7	2543	1011	22	49	1078
			15	8973	3620	49	49	2401
2015年6月1日	关联营销	2015夏新款V领修身衬衫	30	12463	8079	105	49	5145
			1	788	396	19	29	551
			7	4513	1440	33	29	957
			15	7985	3842	61	29	1769
		2015夏韩版时尚显瘦短裙	30	15311	8813	179	29	5191

图5-16｜关联营销的客单价

经过对比可以得知，关联营销能提升宝贝的访问深度，为网店带来更多的流量，同时客单价也得到了提升。

淘宝卖家花费大量的资金成本引进流量，但并不能保证每位买家进入一个宝贝的页面之后都会产生购买行为，如果买家在该宝贝页面没有看到想要买的宝贝，可能就会离开页面，而且很难再次进入同一家网店。因此，淘宝卖家往往会采取关联营销引导买家进入到他更感兴趣的页面，使网店的跳失率降低到最小，增加成交转化率。

简单而言，关联营销就是在一个宝贝页面里，放置其他的几个相关性较强的宝贝。关联营销主要分为相关型关联营销和互补型关联营销。

1. 相关型关联

相关型关联营销是指淘宝卖家根据两种或多种宝贝的相关密切程度进行组合营销。例如，某淘宝网店主营母婴用品，淘宝卖家在某款婴儿浴盆的宝贝详情页设置了相关型关联营销，如图5-17所示。

图5-17｜相关型关联营销

当买家在选购婴儿浴盆的时候，会很自然地访问与婴儿浴盆相关的宝贝，如捏捏叫玩具、婴儿洗脸盆、婴儿小件物品收纳箱、婴儿润肤霜等。买家访问相关宝贝页面能为卖家达到分流的目的，而且又能提高潜在的客单价。因此，淘宝卖家可以在宝贝详情页设置宝贝的相关型搭配推荐。

2. 互补型关联

互补型关联营销是指淘宝卖家对功能互补的宝贝进行搭配营销。两种或多种不同的在功能上互补的宝贝搭配，会带来意想不到的效果。在日常生活中，有的宝贝很适合组合起来，如"面包+牛奶""牙膏+牙刷+杯子""床单+被套+枕头套+枕芯"等。

当买家在淘宝首页搜索框中输入"床上用品"时，搜索结果页面会自动显示床上用品三件套或四件套，如图5-18所示。卖家直接把床单、被套、枕套等进行互补型关联营销，最大限度地提升宝贝的客单价。

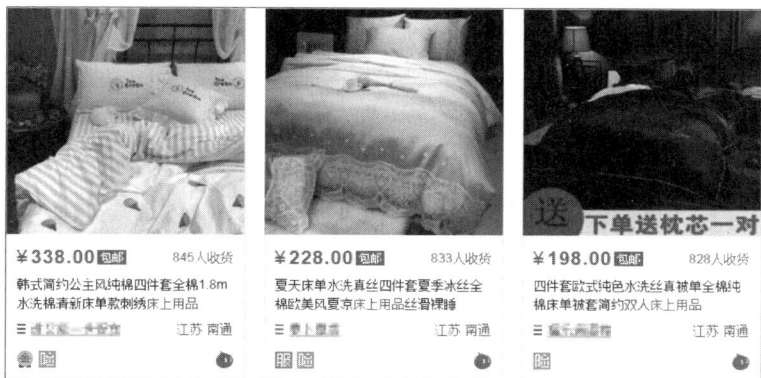

图5-18｜互补型关联营销

仅仅是一个方案可能会很难被广大的买家接受，因此，淘宝卖家仍然可以根据宝贝的功能和规格进行有机组合搭配，形成多功能、多选择的套餐方案。例如，牛奶不仅可以和面包形成互补型营销，还可以和饼干、馒头、糕点等食品互补，甚至可以延伸得到更多组合，最终实现"1+1＞2"的整体效果，如图5-19所示。

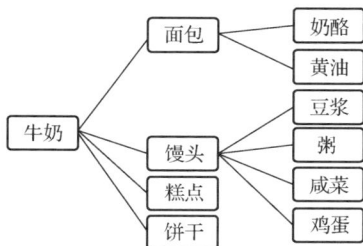

图5-19｜互补型关联营销的延伸

宝贝的互补组合搭配越多，买家的选择就越多，越能满足不同买家的消费需求，并且能刺激买家不断产生新的消费需求。这样的营销方式不仅能提升用户体验，对于卖家来说，更能在最大限度上提升网店的客单价。

5.4　挖掘客户的购买能力

客户价值是客户关系管理的核心。现在越来越多的淘宝卖家开始注重挖掘客户的购买能力。那么，如何设置营销战略和营销工具来提升客户的购买能力呢？一般而言，淘宝卖家需要经过精细化的数据分析来提高网店的运营能力，进而达到挖掘客户购买能力的目的，并实现客单价的提升。

为了更好地对网店的客户关系进行维护和管理，淘宝卖家首先应该以交易金额或交易次数为维度对客户进行等级的划分，如普通会员、高级会员、VIP会员、至尊VIP会员等；再针对不同等级的会员制定相应的积分规则与优惠制度。表5-6所示为某淘宝网店设置的会员等级。

表5-6　网店会员等级的设置

会员等级	满足条件		升级模式	会员基本优惠和权益
	交易金额/元	交易次数		
网店客户	—	—	—	—
普通会员	50	1	自动升级	无折扣
高级会员	200	10	自动升级	8.5折
VIP会员	500	25	自动升级	7.5折
至尊VIP会员	1000	40及以上	自动升级	7折

卖家可以有针对性地管理不同等级的会员买家，同时，可以设置相应的优惠活动，提高网店的客单价。淘宝卖家在设置了自己网店的会员等级后，后台会根据每个买家的交易记录，自动按照设置的规则对买家进行会员的等级划分。

5.4.1　回头客对网店的贡献

一个淘宝网店的访客类型能从侧面反映该网店的推广效果、卖家服务水平以及整体实力。但并非每一个访客对网店都有价值，如何实现访客的价值最大化是卖家运营网店的重中之重。某淘宝卖家为了透彻研究不同类型的访客，统计了网店最近1个月的访客类型，如图5-20所示。

从网店的访客来源渠道来分析，该网店的访客类型主要分为新客户和回头客。回头客又分两种，一种是浏览回头客，另一种是成交回头客。浏览回头客是指前6天内访问过网店又再次来访问的客户。成交回头客是指买过网店宝贝又再次来网店购买的客户。

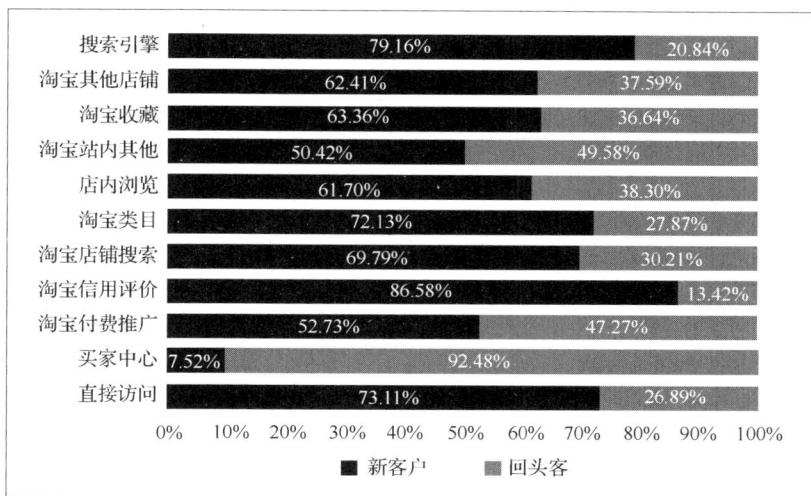

图5-20 | 网店不同渠道的访客类型占比

网店出现回头客是网店健康发展的重要表现，回头客的出现表示网店赢得了卖家的信赖。一个网店最重要的就是客源，尤其是新开的淘宝网店，在客源较少或不稳定的情况下，卖家更应该注重回头客对网店的贡献。

1. 提升客单价

回头客占比是影响网店客单价的重要指标之一。回头客占比高，说明买家对宝贝的质量、卖家服务态度以及网店的整体水平都很满意。回头客具有较高的成交转化率，如果卖家在与买家交流的过程中采用适当的销售技巧，网店的客单价会有很大的提升空间。图5-21所示是一位买家与客服的对话。

图5-21 | 买家与客服的对话

亲，您拍下了给您最优惠的价格。（淘宝卖家针对回头客应该设置相应的优惠。）	客服
嘿嘿……谢谢喔<*￣▽￣*)/	
亲，因为现在正值初夏，一早一晚的温差可能有点大。如果单穿这款连衣裙，可能会有点冷喔。（聪明的客服没有直接给买家推荐其他宝贝，而是站在买家的立场考虑问题，为接下来销售其他宝贝埋伏笔。）	客服
对啊，那店里有没有可以搭这款连衣裙的外套呀？	
亲，有的，连衣裙的上半身是白色的，为了能搭配得更时尚，我给您推荐店里最时尚的针织衫。这是宝贝的链接××××。	客服
行，那就连衣裙+针织衫吧(* ^ - ^*)	
好的，我们会在今天之内给亲发货，欢迎您的下次光临，祝您生活愉快！（淘宝卖家可以再送一下小礼物，如小手链、钥匙环等）	客服

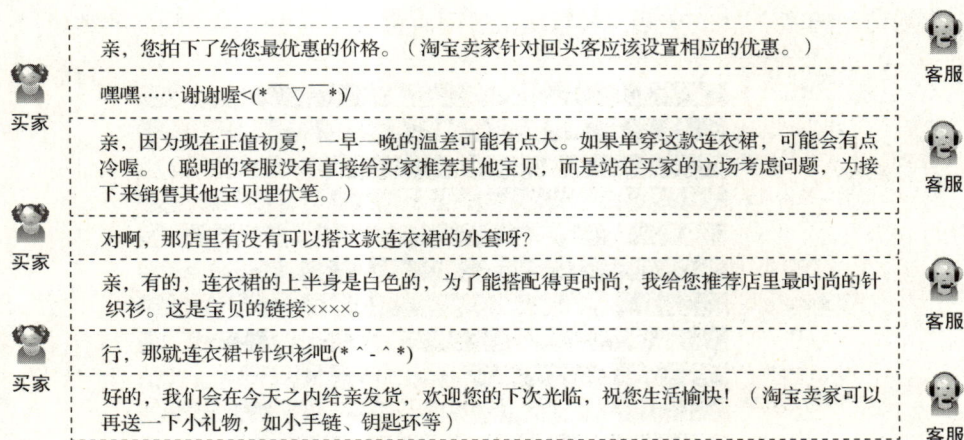

图5-21 | 买家与客服的对话（续）

从回头客与客服的对话可以很明显地看出回头客对网店的贡献，尤其是成交回头客。这类买家的成交转化率高，退货率和换货率却很低。如果客服运用适当的销售技巧，会极大地提升网店的客单价。

该卖家对网店不同宝贝作了相关的统计，如图5-22所示。根据网店不同宝贝的月均客单价分析可知，从整体上来看，除了T恤之外，其他宝贝的回头客月均客单价均高于新客户的月均客单价。因此，该网店客单价的提升主要依赖回头客。

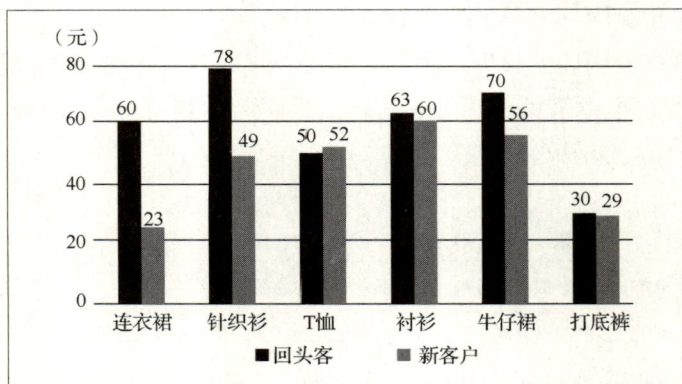

图5-22 | 网店不同宝贝的月均客单价

但是从图5-22中仍然可以反映出一些问题，如衬衫和打底裤，回头客的月均客单价和新客户的月均客单价相差不大，产生这种现象有以下两种可能：

① 网店的推广效果显著，吸引了一批新客户；

② 网店的回头客正在流失。

如果是第2种原因，卖家应该认真分析网店存在的问题，并且找出相对应的措施，可能的原因如图5-23所示。

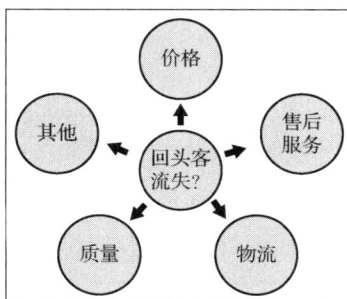

图5-23｜回头客流失问题分析

2. 免费宣传

回头客除了能提升网店的客单价之外，往往还会给网店带来新的买家，如他们的亲人、朋友、同学、同事等；同时，回头客的评论对其他买家具有很大的诱导作用。

5.4.2　客户关系的维护

根据"二八法则"，一个网店80%的利润可能只来自20%的客户，而这20%的客户主要就是网店的老客户。

因此，客户关系的维护是一个网店能否实现持续性健康发展的重要命脉。淘宝网店看似和客户相隔很远，实际上，只要淘宝卖家有维护客户关系的意识，积极保持和维护与客户之间的联系和友好交往，会带来整个网店的客单价以及利润的提升。

维护客户关系的第一步就是区分客户的价值，并非所有来网店消费的客户都具有价值。如何实现客户价值最大化是每个淘宝卖家运营网店的重中之重。图5-24所示为客户价值金字塔。

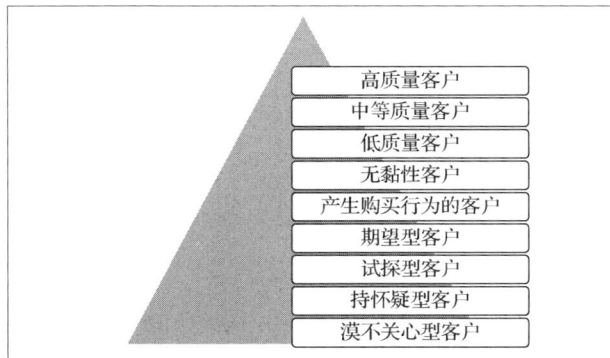

图5-24｜客户价值金字塔

根据"二八法则"来划分客户价值金字塔，网店的80%的利润来自于中等质量客户和高质量客户，而剩下的80%的客户仅为网店带来20%的利润。所以，淘宝卖家需要对网店的交易数据进行精准的分析，透过数据分析出潜在的客户特性。接下来将讲解具体该怎么区分客户的价值。

（1）根据成交量区分客户价值

成交量是指淘宝网店在某一固定的时间段内具体的宝贝成交数量。网店的成交量是一种体现供求关系的变量，并且能直接反映出网店的客单价变化情况。

例如，某淘宝网店主营女鞋，在最近一段时间内，网店的客单价呈逐渐下降的趋势。淘宝卖家为了查出原因，在某天随机统计了5个客户，并且根据客户的访问深度、店内停留时间等相关数据指标做了统计，如表5-7所示。

表5-7　不同客户的客单价统计表

买家	访问深度	店内停留时间/秒	客服咨询时间/秒	成交量/件	日均客单价/元
A	3	146	62	2	316
B	2	153	60	1	158
C	1	70	0	0	0
D	4	208	89	0	0
E	2	138	75	1	158

按照客单价的多少划分，可以把5个客户分成3类，A为高质量客户，B和E为中等质量客户，C和D为低质量客户。

A客户的日均客单价最高，毋庸置疑，A客户的客户价值在5个客户中是最高的。

客户B和E的客单价相同，此时淘宝卖家主要是根据客户对网店产生的人力资源成本的消耗来评定客户价值的。B客户的访问深度和店内停留时间均高于E客户，唯独客服咨询时间低于E客户，说明B客户会先对宝贝的相关情况进行了解再咨询客服，相对而言，B客户为网店节约了一定的人力资源成本。如果是在"双11"大型的促销活动中，客服的工作量非常之大，B客户的客户价值就会很明显。所以，B客户的客户价值略高于E买家。

C、D客户的客单价均为0，C客户没有消耗网店产生人力资源成本，而D客户在深入访问网店的情况下，又对网店的人力资源成本产生了大量的消耗。但是，两者的客单价都为0，就能说C客户的客户价值高于D客户吗？答案是不一定。C客户访问了一个页面就离开，说明对网店不感兴趣；而D客户对网店进行了深入的有效访问，说明D客户才是网店潜在的客户，D客户的流失说明宝贝在某方面还存在一定的问题。淘宝卖家需要对相应的问题进行优化，抓住这一部分潜在的客户才是提升客单价的关键。

（2）利润率

客户价值是管理客户关系的核心内容。如何找出网店最具有价值的客户，并且利用数据对成本与收益进行有效的评估对淘宝卖家至关重要。淘宝卖家普遍认为："开发一个新客户，不如维护一个老客户。"因为老客户能为网店创造的商业价值远远高于新客户，且维护老客户的成本低于开发新客户的成本。所以，卖家千万不能忽视网店的老客户，要善于维护和挖掘老客户的价值，根据客户已经购买的物品进行回访和跟踪，实现二次营销以及多次营销。

某主营服饰的淘宝网店按照成交时间和成交数量对不同宝贝的盈利情况进行了统计，卖家为了进一步统计羽绒服和T恤的盈利情况， 直接利用Excel表格的筛选功能对两款宝贝的盈利情况进行了分析，如图5-25所示。

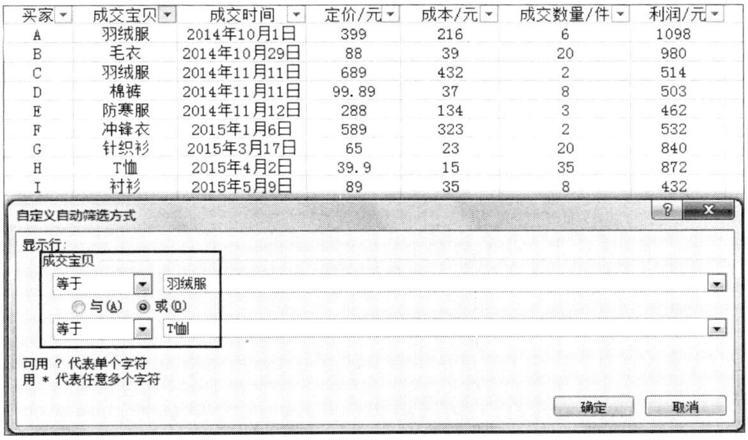

买家	成交宝贝	成交时间	定价/元	成本/元	成交数量/件	利润/元
A	羽绒服	2014年10月1日	399	216	6	1098
B	毛衣	2014年10月29日	88	39	20	980
C	羽绒服	2014年11月11日	689	432	2	514
D	棉裤	2014年11月11日	99.89	37	8	503
E	防寒服	2014年11月12日	288	134	3	462
F	冲锋衣	2015年1月6日	589	323	2	532
G	针织衫	2015年3月17日	65	23	20	840
H	T恤	2015年4月2日	39.9	15	35	872
I	衬衫	2015年5月9日	89	35	8	432

图5-25 | 不同宝贝的筛选方法

卖家共筛选出A、C、H 3位客户，如图5-26所示。

A	B	C	D	E	F	G
买家	成交宝贝	成交时间	定价/元	成本/元	成交数量/件	利润/元
A	羽绒服	2014年10月1日	399	216	6	1098
C	羽绒服	2014年11月11日	689	432	2	514
H	T恤	2015年4月2日	39.9	15	35	872

图5-26 | 筛选结果

根据成交时间分析，A、C客户是在2014年冬季购买的羽绒服，H客户是在2015年春夏购买的T恤。客户关系必须在特定时间进行维护，当时正值冬季，所以A、C客户需要在近期内进行回访。回访也应该讲究战略战术，回访一般是在新品上架、网店促销、网店活动、节假日等时间段，鼓励消费过的客户参与活动。

根据利润分析，A客户为网店创造的利润最大，其次是H客户，A客户购买6件定价为399元的羽绒服，H客户购买了35件定价为39.9元的T恤，而C客户购买了2件定价为689元的羽绒服。再结合购买的数量分析，可大致判断A客户和H客户购买宝贝可能并非自己使用，他们可能是服饰经营商，而C客户可能是自己使用。

因此，根据大致的分析结果可以划分出客户的价值，A客户和H客户是网店的高质量客户，C客户属于网店的高消费层级买家，C客户更注重宝贝的品质。淘宝卖家需要针对不同的客户提供相应的服务，同时，注重维系关系，保持客户与网店之间的黏度，培养客户的忠诚度，进而形成长期的合作关系。当确定了客户的属性和维度之后，便可以直接通过短信、电子邮件等方式进行二次营销了。

同时，网店应该设置完善的会员体系，如图5-27所示。良好的会员体系能使卖家与客户产生友好的互动，凸显会员在网店的优惠与特权，让高质量的客户感受到网店的重视与关心，有利于网店口碑的传播和忠诚客户群体的培养。

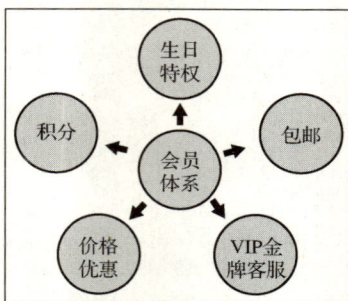

图5-27｜会员体系

本章小结

通过本章的学习，读者对客单价有了全面、充分的认识和理解。读者通过第一节在了解了影响客单价的因素后，又学习了淘宝卖家如何利用爆款提升网店的客单价。不同的网店有不同的定位，读者通过第二节学习了利用网店的定位、促销活动、关联营销提升客单价的方法。最后，客户关系的维护是提升客单价的重要途径之一，读者通过第三节首先认识到客户关系对网店发展的重要作用，又学习了按照客户价值的高低对客户进行分类维护。

课后思考题

苦心人天不负，淘宝卖家小王的网店生意逐渐走上了正轨。同时，小王虚心向有经验的淘宝卖家请教，除此之外，自己也会在淘宝论坛、淘宝帮派等平台分享开网店以来的心路历程。小王认为，这是一个数据化的时代，只有研究透彻数据背后隐藏的趋势，才能逐渐从众多竞争对手中脱颖而出。

小王最近学习了关于"客单价"的相关培训课程，学习了如何根据自己的实际情况利用不同的方法提升网店的客单价。但是，小王还是对客户关系维护这个问题比较困惑，因为小王的网店老客户较少，大部分的客户只在店里消费了一次。因此，小王不知道该怎么区分新老客户，对维护新老客户的关系更是无从下手。

请结合本章所学的知识，分析小王网店目前存在的问题，找到这种问题出现的原因，运用数据化报表的形式协助小王解决问题。

第6章

网店搜索引擎优化

随着越来越多的人加入到淘宝开店创业的大军中，淘宝网店的数量急剧增长，导致大量同样的宝贝一同涌现。在淘宝搜索框中输入某个关键词时，几十页、上百页的搜索结果页面便会呈现在眼前，但是买家一般只浏览前几页的宝贝，而后面几十页的宝贝被直接忽略。那么，新手卖家该如何从众多的卖家中脱颖而出呢？

淘宝搜索引擎优化（Search Engine Optimization，SEO）能帮助广大的新手卖家解决这个问题，淘宝SEO的作用就是提升宝贝的排名，让买家能搜索到网店的宝贝，提升宝贝的成交转化率。

本章关键词

- 淘宝SEO的定义
- 影响宝贝排名的因素
- 标题的关键词
- 宝贝标题的制定
- 宝贝上下架时间的优化

本章数据分析中的图表展示

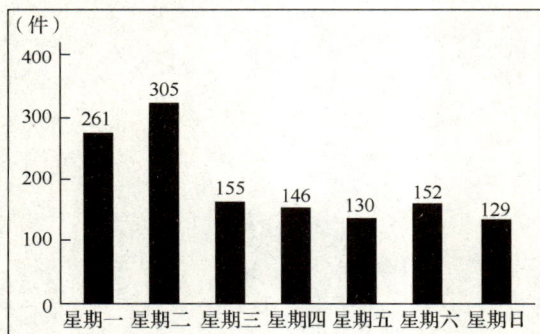

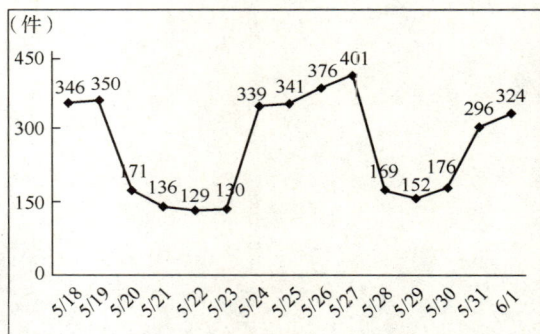

6.1　淘宝SEO的解读

SEO是指利用搜索引擎的搜索规则来提高网站的自然排名，以获取更多的流量，进而达到网站建设和宝贝销售的目的。很多的新手卖家在看到淘宝搜索引擎时，可能会认为淘宝搜索引擎和百度、谷歌、搜狗属于同一类型的搜索引擎。其实不然，淘宝搜索引擎属于宝贝库存搜索引擎，也就是说必须有库存的宝贝才能被买家搜索到。

淘宝SEO利用淘宝搜索规则来优化排名，使网店的宝贝在搜索页面中的排名更靠前，使宝贝获得更多的流量。

▋ 6.1.1　淘宝SEO的定义

淘宝上销售的宝贝可以用海量来形容，卖家都在争夺排名靠前的位置，都想让买家看到自家宝贝，而且由搜索引来的流量不仅免费，转化率也相对不错，所以做好淘宝SEO，优化网店宝贝的搜索排名是每个卖家的愿望。

淘宝卖家通过对淘宝搜索引擎排名的规则研究，对宝贝的标题、类目、属性、详情以及上下架时间等进行优化，使得宝贝更加符合平台的规则，进而获得较好的搜索排名，并通过靠前的搜索排名来获取较多的搜索流量。

▋ 6.1.2　影响宝贝排名的因素

卖家想要做好淘宝SEO，首先需要了解官方搜索排名的规则。以下为最新的淘宝官方公布的搜索排名规则。

① 淘宝搜索排序的目的是帮助客户找到最满意的宝贝。网店经营情况、宝贝价格与信息等都可能会对搜索结果产生影响。

② 淘宝反对通过各种不正当手段对搜索结果进行影响的行为，并将给予严厉打击。淘宝有权对卖家的违规行为和作假情况进行统计，并根据卖家的相关记录调整其宝贝在搜索结果中的排名。

③ 淘宝有权根据多变的业务情况，采取灵活的解决方案，对宝贝排序与搜索结果进行持续的调整与改善。

淘宝也给出了几项排名下调的情形，如图6-1所示。卖家需结合淘宝公布的规则，对影响权重的宝贝指标和网店指标进行优化。

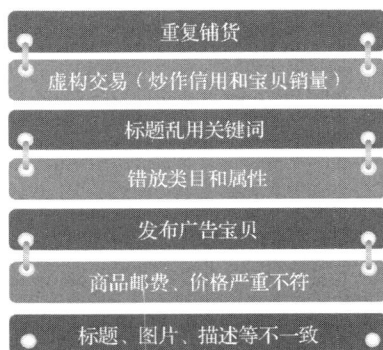

重复铺货

虚构交易（炒作信用和宝贝销量）

标题乱用关键词

错放类目和属性

发布广告宝贝

商品邮费、价格严重不符

标题、图片、描述等不一致

图6-1｜排名下调的情形（包括但不限于）

1. 影响搜索权重的宝贝指标

影响搜索权重的商品指标主要有相关性、主图点击率、宝贝收藏量和宝贝转化率，如图6-2所示。

```
                          ┌─ 关键词相关性
                   ┌─ 相关性 ─── 类目相关性
                   │          └─ 属性相关性
                   │
                   │          ┌─ 满足官方主图要求
                   │─ 主图点击率 ─── 以创意的方式展现宝贝卖点
影响搜索权重的 ─────┤          └─ 添加一些吸引用户点击的"诱惑因子"
   宝贝指标        │
                   │          ┌─ 优化宝贝
                   │─ 宝贝收藏量 ─── 收藏有礼
                   │          └─ 客服引导
                   │
                   │          ┌─ 宝贝详情
                   └─ 宝贝转化率 ─── 宝贝评价、问答
                              └─ 客户服务
```

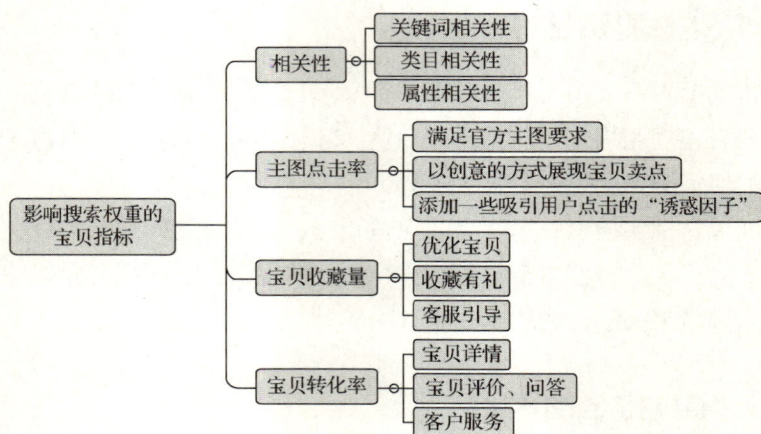

图6-2｜影响搜索权重的宝贝指标

（1）相关性

宝贝的标题关键词、类目、属性的相关性与宝贝的搜索排名密切相关，因为买家在淘宝进行搜索时，搜索引擎会根据卖家为宝贝设置的标题关键词、类目、属性进行宝贝匹配，从而决定把哪些宝贝推送到买家眼前。

卖家在分析宝贝标题关键词时，可以从宝贝的自身特点出发，将这些特点分为宝贝名称、行业、功能、品牌、型号等相关方面，寻找这些相关方面的代表关键词，然后根据这些关键词的搜索热度选择最相关的关键词。

大多数买家通过搜索某一关键词进行宝贝浏览时，该关键词在淘宝后台都有一个与之对应的最佳类目，当买家搜索该关键词时，优先展示的宝贝都是最佳类目下的宝贝。卖家在发布宝贝时，应熟知宝贝所属的类目，也可以参考同行相关宝贝的类目选择。

随着淘宝个性化搜索机制的推广，宝贝属性的相关性也成了影响宝贝搜索排名的一大因素。因此卖家在发布宝贝时，属性要尽量填写完整、准确，这有利于搜索展现，同时也能进一步配合搜索引擎将关键词精确匹配到网店宝贝。

（2）主图点击率

如果卖家千辛万苦做好淘宝SEO，让宝贝在搜索结果页占据了较好的排名，结果却因为主图不够吸引买家，导致主图点击率很低，那么卖家前期做的SEO工作可以说功亏一篑。主图点击率也是影响搜索排名的因素之一。卖家在设计主图时，在确保满足淘宝平台基本要求的基础上，可以用创意的方式突出宝贝卖点，同时也可以添加一些吸引用户点击的"诱惑因子"，使自己的宝贝比同类宝贝更具有诱惑力。"诱惑因子"可以传达宝贝的价格优惠信息，也可以传达宝贝的质量信息，总之就是要吸引买家，使其产生点击的欲望。

（3）宝贝收藏量

收藏量是指统计周期内收藏该网店或宝贝的人数，如图6-3所示。收藏量是一个网店

热度的标准，收藏量的多少可以改变买家购买的欲望。在同类网店中收藏量高的网店往往曝光量高于其他同行。在同类宝贝中收藏量高的宝贝往往比收藏量低的宝贝更畅销，可见收藏量是影响网店或宝贝排行的一个重要因素。卖家可以通过优化宝贝、收藏有礼、收藏网店或宝贝送淘金币、客服引导等方式提高收藏量。

图6-3 | 宝贝收藏量

（4）宝贝转化率

宝贝转化率是指所有到达网店并产生购买行为的人数和所有到达网店的人数的比，如图6-4所示。

$$转化率 = （产生购买行为的人数 ÷ 所有到达网店的人数）× 100\%$$

宝贝转化率是影响宝贝权重的重要因素，直接影响着宝贝的搜索排名。影响宝贝转化率的重要因素有宝贝详情页、宝贝评价、客服等。卖家通过优化宝贝详情页、引导买家好评等，刺激买家的购买欲望，进而提高宝贝转化率。

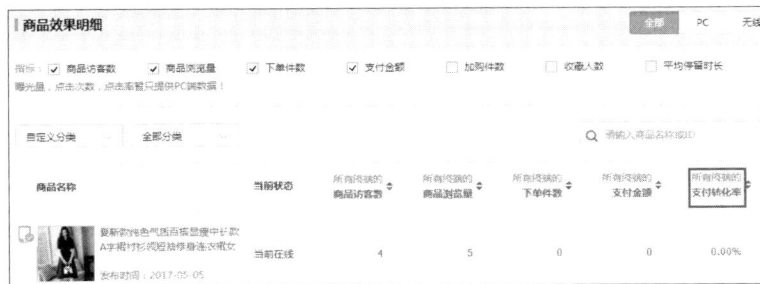

图6-4 | 宝贝转化率

2. 影响搜索权重的网店指标

宝贝排名不仅考量与宝贝有关的指标，网店指标也举足轻重，就像我们平时购物，对于大商场的信任度往往要高于普通的街边小店。在淘宝进行网店经营也是同样的道理，网店的DSR动态评分、网店开通的客户保障服务也同样地影响着搜索排名。

（1）网店DSR动态评分

网店DSR动态评分是自然搜索权重的影响因素之一。网店DSR动态评分是指在完成交易后，买家对宝贝与描述相符、卖家的服务态度、卖家发货的速度、物流公司的服务等指标进行评分，我们将在下一章对此进行深入讲解。高于同行均值的DSR动态评分更能获得买家的信任，能提高潜在的成交转化率，如图6-5所示；相反，则容易引起买家对网店的宝贝质量、物流速度、服务水平等多方面的质疑，导致客源流失，如图6-6所示。

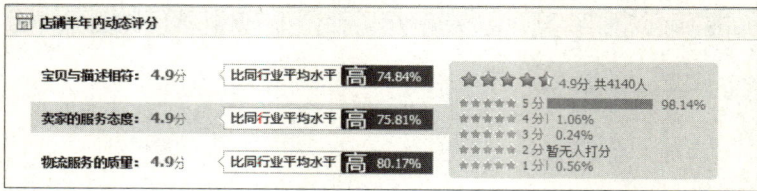

图6-5 | 较高的DSR动态评分

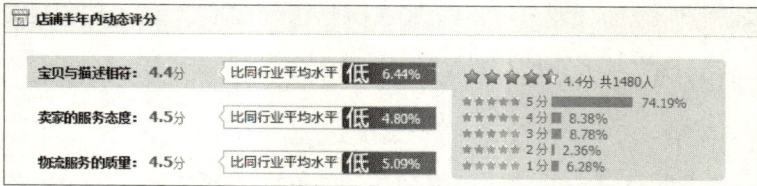

图6-6 | 较低的DSR动态评分

（2）消费者保障服务

目前服务保障包括基础消费、7天无理由退货，以及其他交易约定等。而7天无理由退货为特色消保服务，卖家可以根据网店情况自愿参加。交易约定是指卖家在加入消费者保障服务的基础上，就其经营的宝贝或服务自愿为买家提供的承诺服务。卖家登录账号进入卖家中心，单击"淘宝服务"—"加入服务"，选择对应的服务即可申请加入，如图6-7所示。

图6-7 | 加入淘宝服务

加入消费者保障服务不仅能让宝贝的排名更靠前，还能有效地提高网店转化率。相比没有加入的网店宝贝，买家会更青睐购买有保障的宝贝。

卖家需要多方面优化影响搜索权重的指标，才能提高宝贝的综合排名，为网店带来更多的免费流量。

6.2　宝贝标题的优化

宝贝的标题相当于宝贝的"门户"，会直接影响宝贝的流量和排名。优质的宝贝标题能使宝贝的排名更靠前，被买家搜索到的概率更高，相应地，宝贝的访问量和成交转化率也会得到提升。

如何对宝贝标题进行优化是很多卖家都在努力探索的问题。任何事物都有关键点和次要点，淘宝SEO的关键点在于精准匹配。淘宝卖家在设置宝贝标题之前要先洞悉买家的喜好，在确保宝贝类目相符的情况下，根据买家的喜好来设置宝贝的标题，使买家更容易搜索到宝贝。

6.2.1　认识标题的关键词

卖家在撰写宝贝标题之前，需要了解宝贝标题是如何构成的，在淘宝上搜索不同类目的宝贝关键词，可以发现目前淘宝上的宝贝标题均是由核心词、属性词、长尾词和促销词构成的。这里以一款连衣裙宝贝为例，宝贝图片如图6-8所示。

图6-8｜宝贝图片

1. 核心词

卖家要选一个好的核心词，这样才能将流量集中。核心词一般包含产品词、类目词、品牌词和二级词。卖家在撰写标题时，应该从买家的角度考虑，如选择类目词时，卖家可以参考淘宝首页的类目划分，如图6-9所示。这款要发布的连衣裙品牌词是"乐町"，类目词为"女装"，产品词为"连衣裙"。

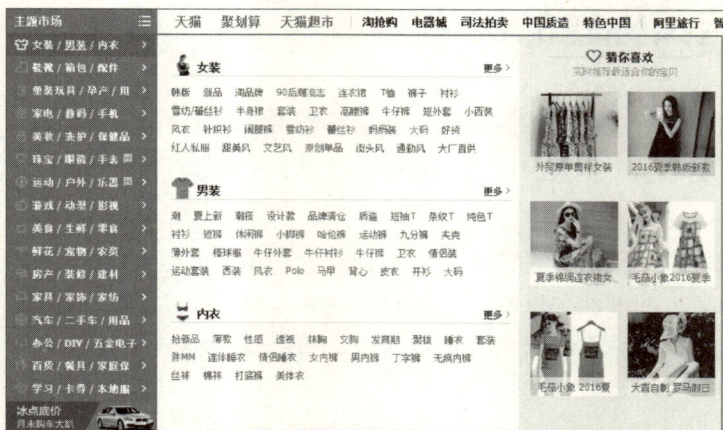

图6-9｜淘宝首页类目划分

2. 属性词

属性词是与宝贝属性相对的词语，能够说明宝贝的尺寸、色彩、质地等相关的信息，能让买家在搜索宝贝时，尽可能准确地定位到宝贝。卖家在确定属性词时，一方面可以参考宝贝本身的信息，另一方面可以参考发布宝贝时淘宝官方需要填写的宝贝属性信息。卖家参考该宝贝需要填写的属性有裙长、风格、年份季节等，如图6-10所示，确定属性词为"韩版""无袖""2017夏装"。

图6-10｜连衣裙类目的宝贝属性

3．长尾词

长尾词指可以带来搜索流量的非目标关键词，这类词精准度比较高。长尾词需要根据竞争对手和客户群体进行分析，一般可以通过以下方法收集。

（1）淘宝搜索下拉框

例如，当买家搜索"连衣裙"时，淘宝下拉框会有一些系统推荐的词，这些词搜索流量很大，属于标题中必备的关键词，如图6-11所示。

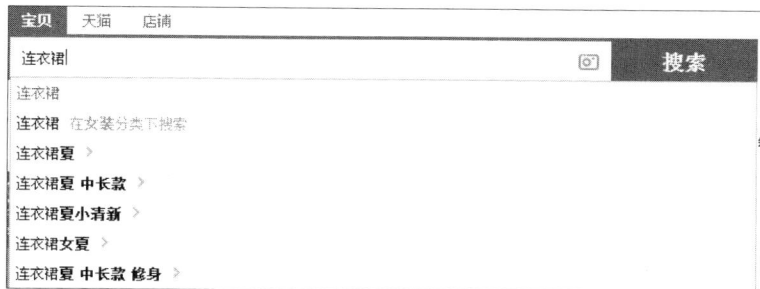

图6-11 | 淘宝搜索下拉框

（2）淘宝排行榜

淘宝排行榜反映的是市场趋势，可以用来获取服饰、数码家电、化妆品、食品等大类的近期飙升关键词。这些词能帮助卖家了解某个行业的市场方向，捕捉竞争激烈程度相对较低的搜索上升词，如图6-12所示。

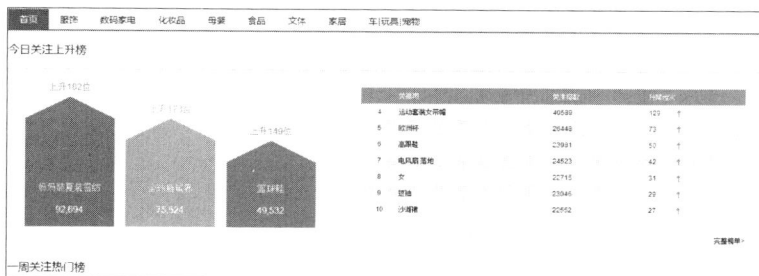

图6-12 | 淘宝排行榜

（3）搜索后的"您是不是想找"关键词推荐

例如，当搜索"连衣裙"时，搜索结果页中间会有一些系统推荐的词，这些都是买家常搜索的关键词，如图6-13所示。

（4）参考同行热销宝贝

卖家根据网店经营的类目，参考同行热销宝贝的标题，这些标题中的关键词都是通过市场筛选，具有一定优势的关键词。

（5）直通车系统推荐词

在直通车设置"新增宝贝推广"时，系统会自动匹配关键词，每个关键词都会有相关性、展现指数、竞争指数等多维度的数据提供给卖家，以供参考，如图6-14所示。

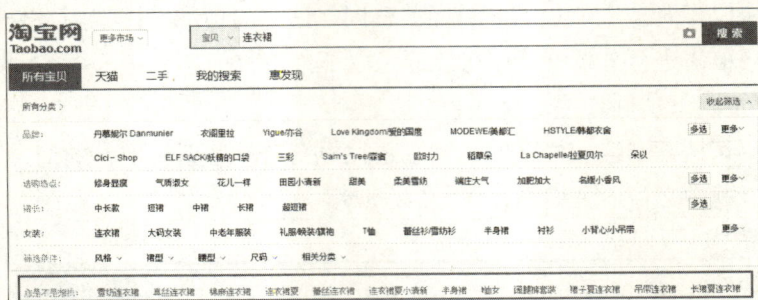

图6-13｜搜索页"您是不是想找"栏

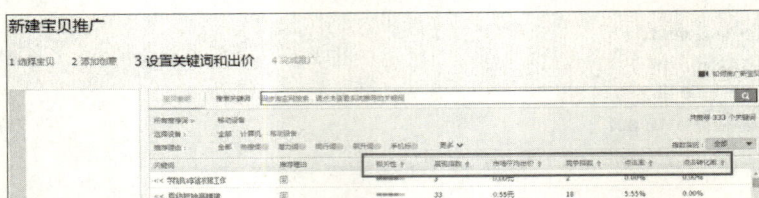

图6-14｜直通车系统推荐词

（6）移动端锦囊词

移动端除了可以用淘宝搜索下拉框收集关键词外，也可以参考输入关键词后结果页中间的锦囊词，如图6-15所示。

图6-15｜移动端锦囊词

（7）生意参谋

根据生意参谋中的市场行情，参考不同时间段的热门搜索词、热门长尾词等多维度数据选取关键词。

卖家参考以上方法，结合该款连衣裙本身的特点，筛选出长尾关键词为"新款""小清晰""印花短裙""衬衫裙子"。

4. 促销词

促销词是指与网店活动相关，能够刺激买家产生购买欲望的词，如"包邮""特价""火爆热卖""限时打折"等。

6.2.2　宝贝标题的制定

标题的组合排序要考虑两点，一是利于淘宝搜索引擎抓取，通常情况下，搜索引擎能够抓取权重高的词，因此在进行标题优化时，要符合搜索引擎的抓取规则；二是标题要具有可读性，符合买家的阅读习惯，组合标题时一般要遵循紧密排列、空格无关、顺序无关的原则。

1. 紧密排列

例如，关键词"无袖连衣裙"可以拆分为"无袖""连衣裙"两个关键词，而通常情况下，买家搜索"无袖连衣裙"时，系统会优先展现紧密排列的、关键词为"无袖连衣裙"的宝贝，这就是组合标题时的紧密排列原则。图6-16、图6-17所示分别是关键词紧密排列和拆分排列的样例。

2. 空格无关

一般情况下，关键词中含有空格不影响宝贝的正常展现，如搜索"连衣裙夏中长款"和搜索"连衣裙夏 中长款"，其宝贝搜索结果不受影响，如图6-18和图6-19所示。如果空格的拆分使得关键词混乱，如将"春装"的关键词，拆分成"春装"就会导致搜索结果不一样。淘宝宝贝标题最多只能有30个汉字（60个字符），空格也会占用有效字符，所以一般情况下可以在需要用空格拆分的关键词中添加其他利于搜索的关键词，以充分利用标题字符。

图6-16 | 关键词紧密排列

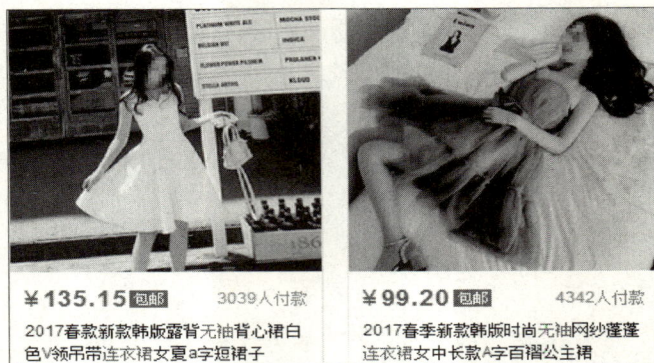

图6-17｜关键词拆分排列

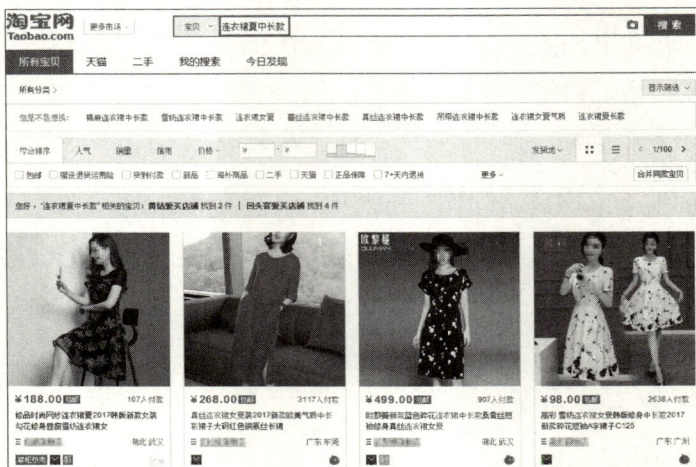

图6-18｜无空格搜索排序

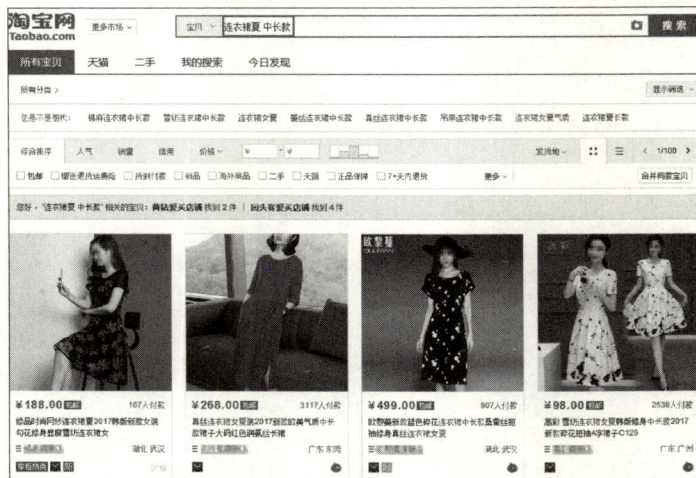

图6-19｜有空格搜索排序

3. 顺序无关

关键词在组合时一般是不分先后顺序的，因为淘宝后台在筛选关键词时只是查看标题中是否包含被搜索的关键词，而对关键词的顺序并没有要求，如输入关键词"长款连衣裙"和"连衣裙长款"，只要包含"长款"和"连衣裙"的宝贝均可以被搜到，如图6-20、图6-21所示。

图6-20 | 搜索"长款连衣裙"展现排序

图6-21 | 搜索"连衣裙长款"展现排序

结合以上原则和买家的搜索习惯，该卖家确定连衣裙宝贝的标题为"乐町2017夏装新款女装小清新无袖连衣裙韩版衬衫裙子印花短裙"。卖家将宝贝上架后，后期还需要继续监测相关数据，周期性地持续优化标题，使得宝贝的搜索权重能逐步上升，为网店带来更多的免费流量。

6.3　宝贝上下架时间的优化

淘宝卖家都在争夺流量这块"大蛋糕"。在付费流量的成本逐渐增高的情况下，很多中小淘宝卖家失去了和大卖家竞争的优势，因此，中小淘宝卖家只能争夺站内免费的流量，其中搜索流量占据了很大的比例。众所周知，在淘宝的搜索排名中，宝贝的上下架时间是搜索规则中的重要因素之一。

淘宝卖家一定要在掌握了淘宝搜索规则的前提下对宝贝进行优化。如果淘宝卖家能合理地优化宝贝的上下架时间，就可以让自己网店宝贝的排名更靠前。

6.3.1　宝贝上下架的周期

宝贝的上下架周期是指从宝贝发布到宝贝下架的时间。按照淘宝规定，宝贝的上下架周期为1周，每15分钟刷新一次。例如，某淘宝卖家将网店的宝贝在5月19日上午10：30上架，那么，宝贝的下架时间为5月26日上午10：30。值得卖家注意的是，宝贝不是真的被下架，而是一个周期结束后又会以1周为期开始另一个新的周期，但宝贝的状态可以保持不变。

在其他因素保持不变或影响不大的情况下，宝贝越接近下架时间，宝贝的排名越靠前，越容易被买家搜索到。淘宝卖家可根据宝贝上架的黄金法则来安排宝贝的上下架周期，如图6-22所示。

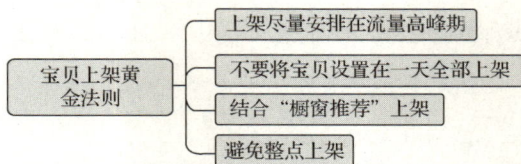

图6-22｜宝贝上架的黄金法则

建议淘宝卖家不要一天之内把网店全部的宝贝都上架，因为流量只有在上架当天和1周后才会有变化和提升，其他的时间流量相对较少。淘宝卖家可以把流量平均分布到7天，确保在1周内，每天都有上下架的宝贝。淘宝卖家可以合理地安排宝贝的上下架时间，这样即使是新品也有机会排到首页。

6.3.2　宝贝最佳上下架时间的设置

1. 宝贝上架时间的优化

网店流量分配不均和流量浪费是众多中小卖家面临的基础性难题。本节将讲解宝贝上架时间对流量获取和分配的重要性，以指导中小卖家优化上架时间，有效提高自然搜索流量。

例如，某主营母婴用品的淘宝网店准备上架一款两件套亲子装，淘宝卖家为了确定最佳的上架时间，先对该款宝贝的上架时间进行了测试，测试期间定价为189元。

（1）以天为维度

淘宝卖家统计了宝贝一周销售的相关数据指标，如图6-23所示。宝贝在不同时间的综合数据如表6-1所示。

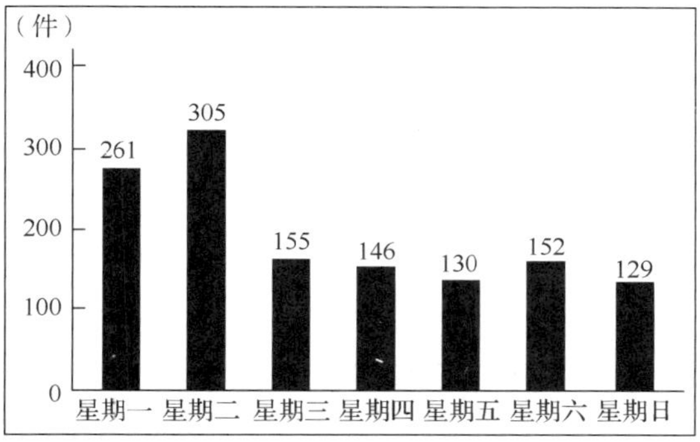

图6-23 宝贝在不同时间的销量

表6-1　宝贝在不同时间的综合数据

上架时间	销量/件	定价/元	销售额/元	高质宝贝数/件
星期一	261	189	49329	890
星期二	305	189	57645	763
星期三	155	189	29295	469
星期四	146	189	27594	527
星期五	130	189	24570	602
星期六	152	189	28728	499
星期日	129	189	24381	394

结合图6-23和表6-1可以看出，在测试的一周内，星期一和星期二的销量最好，星期三到星期日的销量则相差不大，星期三到星期日的平均销量为142件。其中高质宝贝数是指宝贝的库存量，卖家必须设置高质宝贝数，买家才能拍下宝贝。

（2）以时间段为维度

经过上一阶段的数据测试，该卖家将宝贝的上架时间初步确定为星期一或星期二。该卖家又在思考，一天有24小时，究竟在哪个具体的时间点上架最利于销售呢？该卖家决定在星期二对宝贝的上架时间段进行测试。

宝贝在不同时间段的销量如图6-24所示，宝贝在不同时间段的综合数据如表6-2所示。

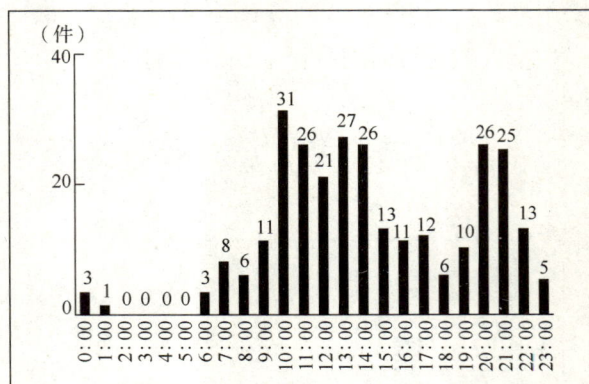

图6-24 | 宝贝在不同时间段的销量

表6-2　宝贝在不同时间段的综合数据

上架时间段	销量/件	定价/元	销售额/元	高质宝贝数/件
0：00	3	189	567	106
1：00	1	189	189	132
2：00	0	189	0	12
3：00	0	189	0	15
4：00	0	189	0	13
5：00	0	189	0	14
6：00	3	189	567	143
7：00	8	189	1512	641
8：00	6	189	1134	899
9：00	11	189	2079	1023
10：00	31	189	5859	1560
11：00	26	189	4914	1399
12：00	21	189	3969	1246
13：00	27	189	5103	1542
14：00	26	189	4914	1520
15：00	13	189	2457	1196
16：00	11	189	2079	1003
17：00	12	189	2268	1230
18：00	6	189	1134	849
19：00	10	189	1890	973
20：00	26	189	4914	1420
21：00	25	189	4725	1355
22：00	13	189	2457	1312
23：00	5	189	945	741

结合图6-24和表6-2可以看出，在测试期间的24小时内，10:00—14:00、20:00—21:00这两个时间段是销售最好的时间段。再细分到时间点，10:00出现了第一次销售高峰，13:00出现第二次销售高峰，20:00出现了第三次销售高峰。

可见，该淘宝卖家可以把宝贝的上架时间设置为星期一或星期二，具体的时间为10:00、13:00、20:00，以充分利用宝贝的上架时间为宝贝争取更多的免费优质流量。

2. 宝贝最佳下架时间的优化

对于即将下架的宝贝，卖家应如何利用搜索功能为宝贝获取更多的优质流量呢？淘宝卖家可以对即将下架的宝贝设置橱窗推荐。橱窗推荐是一种常用的推广工具，能够使网店宝贝的排名更加靠前，使买家搜索到宝贝的概率更大。橱窗推荐通常是结合宝贝的上下架时间设置的，橱窗推荐的宝贝最好是即将下架的宝贝，通常是距离下架时间1天左右的宝贝。

结合图6-24范例，该淘宝卖家把这款亲子装于5月18日（星期一）10:00上架，于5月25日（星期一）10:00下架；之后淘宝卖家将上架时间调到当天（5月25日）13:00，后于6月1日（星期一）13:00下架。该淘宝卖家连续统计了最近两周该款亲子装的成交量，如图6-25所示。

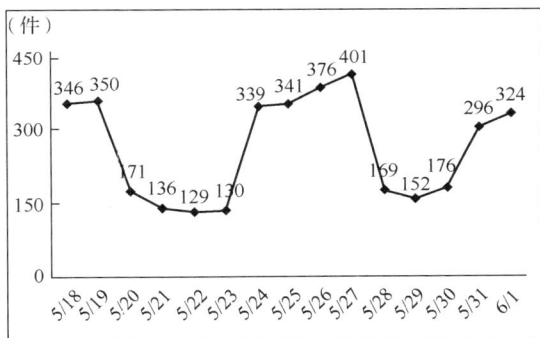

图6-25｜宝贝在两周的成交量走势图

根据该款亲子装连续两周的成交走势图可以看出，宝贝刚上架和快下架时的销量较高，同时，聪明的卖家根据之前测试结果，将宝贝的上架时间定在星期一，所以，该款宝贝在同一周内，可以享受3次销售高峰期，分别是刚上架时的销售高峰、即将下架的销售高峰以及当天下午上架的销售高峰。

可见，选择最佳的上下架时间能为网店的宝贝带来更多的免费流量。但是不同的网店实际情况不同，卖家还需要注意以下几点。

① 店铺主力消费群体的定位：学生、上班族、自由职业者、家庭主妇等不同的消费群体的消费高峰期和时间段是不同的。

② 在宝贝成交的黄金时段，由于平台每15分钟刷新一次，卖家可尽量保证每30分钟

上新一款宝贝，确保网店宝贝的上新时间不断层，能多次享受销售高峰期带来的流量。

③ 在宝贝接近下架时间设置橱窗推荐：保障下架前的时间必须为流量高峰期，在宝贝下架后取消橱窗推荐并且立即上架。

本章小结

通过本章的学习，读者能够清晰地掌握淘宝SEO的含义及影响因素。淘宝SEO通过优化宝贝标题使买家能快速搜索到网店的宝贝，进而提升宝贝的成交转化率。在了解了这些的基础之上，读者进一步学习了宝贝关键词的来源和设置技巧。最后，读者学习了通过优化宝贝的上下架时间来提升宝贝的排名，同时，对于即将下架的宝贝需要设置橱窗推荐。

课后思考题

小王在淘宝开店创业这条路上，从最初的"青涩青年"到现在的"数据分析达人"，这一路走来，他学习了关于淘宝网店运营的知识，在向前辈取经的同时，也不断摸索和学习，通过数据分析解决问题。

最近小王学习了淘宝SEO的相关知识，在此期间他通过不同的渠道获得了很多的关键词，但是令他迷茫的是，在众多的关键词里，如何判断哪些关键词才是优质的呢？

请根据本章所学的知识，结合小王目前遇到的问题，运用数据化报表帮他分析并解决问题。

第7章

DSR动态评分
深入解读

在淘宝宝贝排名中，搜索权重已经开始向网店DSR动态评分倾斜，网店的DSR动态评分成为影响宝贝排名的重要因素之一，淘宝官方此举主要是引导淘宝网店完成从数量到质量的逐步过渡。除此之外，网店DSR动态评分也是网店参加淘宝官方各种活动的基本要求之一。

DSR动态评分是衡量一个网店健康与否的参数之一，它能够很直观地让卖家意识到网店目前存在的问题，并及时进行整改。网店的DSR动态评分最理想的状态就是一直保持飘红，即高于同行水平，其中任意一项变绿都值得卖家警惕。

本章关键词

- DSR动态评分的含义
- DSR动态评分对网店的影响
- DSR动态评分的计算公式
- 预期DSR动态评分的计算
- 提升DSR动态评分的方法

本章数据分析中的图表展示

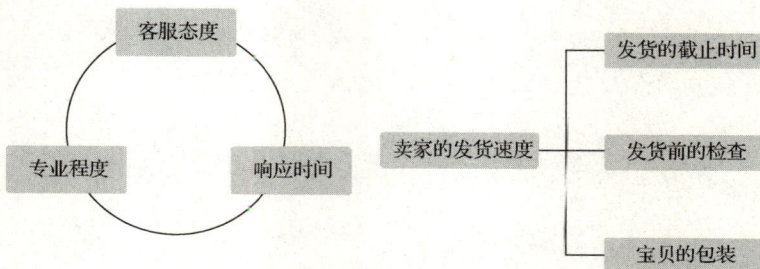

7.1 全面认识DSR动态评分

网店DSR动态评分不仅代表着整个网店的形象和综合实力，更是诚信度与服务质量的体现。

广大淘宝卖家需全面充分地了解DSR动态评分的重要性。细节决定成败，如今的买家对宝贝各方面的细节要求都很高，因此，淘宝卖家更应该注重网店日常运营的每个细小环节。

7.1.1 DSR动态评分的含义

DSR（Detail Seller Rating）是指淘宝网店的动态评分。DSR网店动态评分是指在淘宝网交易成功后，买家可以对本次交易的卖家进行"宝贝与描述相符""卖家的服务态度""物流服务的质量" 3项评分。每项网店评分取连续六个月内所有买家给予评分的算术平均值，如图7-1所示。

图7-1 | 网店动态评价

当网店DSR动态评分等于或高于行业平均值时，该项会呈现为红色，而当DSR动态评分低于行业平均值时，该项会成为绿色，其模块如图7-2所示。

图7-2 | 网店动态评分

7.1.2 DSR动态评分对网店的影响

淘宝官方对网店实行DSR动态评分考核主要是为了对买家在网店的购物体验和买家对宝贝的满意程度进行数据化统计分析。

网店DSR动态评分是衡量网店的整体水平的数据指标之一，并且评分的高低直接影响宝贝的搜索排名，进而影响网店的流量和成交转化率。那么，作为淘宝卖家应该从哪些方面去解读DSR动态评分对网店的影响呢？

网店DSR动态评分对网店主要有宝贝排名、宝贝成交转化率以及参加官方活动的资格3方面的影响。

1. 影响宝贝排名

网店DSR动态评分会直接影响宝贝的排名，网店的综合评分较高，宝贝的排名相对越靠前，买家越容易搜索到宝贝。

例如，使用淘宝高级搜索（在淘宝搜索框后单击"高级搜索"，如图7-3所示），在搜索框中输入"衬衫"，全淘宝共有703.62万件宝贝，如图7-4所示，但是淘宝每一个搜索结果页面只能展示48件宝贝（不包括搜索结果页面最右端和最底端的直通车展位），淘宝系统会过滤一部分宝贝，最终只在100页内展示相关的宝贝。

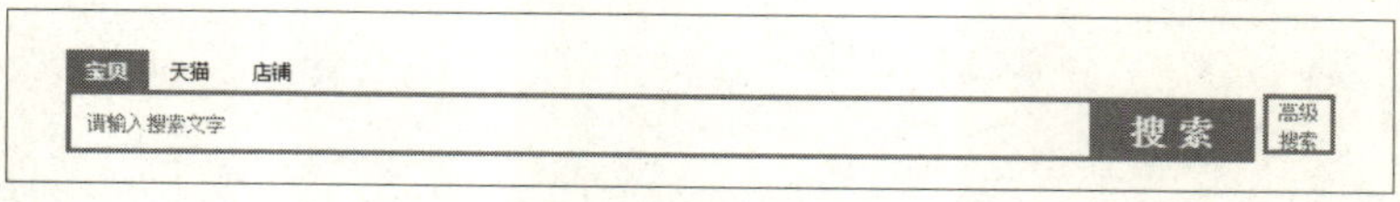

图7-3 | 淘宝高级搜索

图7-4 | 全淘宝网衬衫的数量

宝贝所在页数和成交转化率有很紧密的联系，根据人的购物心理，大多数情况下人们只浏览前10页的搜索结果页，超过第10页的宝贝的浏览量很低。因此，淘宝卖家应该尽量提升网店的DSR动态评分，保证宝贝的排名比较靠前。

2. 影响宝贝成交转化率

高于同行的DSR动态评分能在较短的时间内获得买家的信赖，无形地提升买家对网店的第一印象，相反，低于同行水平的DSR动态评分很容易降低买家对网店的好感，直接导致网店客源的流失。

淘宝买家在选购宝贝的时候，通常都会关注网店DSR动态评分。当遇到同一款宝贝时，首先比较的也是网店DSR动态评分，买家会优先选择DSR动态评分较高网店的宝贝，所以，DSR动态评分高于同行的网店在宝贝成交转化率方面具有一定的优势。

当一个网店的DSR动态评分长期处于飘绿状态时，即使在流量多的情况下，网店的成交转化率也会较低，宝贝的排名也会相对靠后，宝贝获得的流量就更少，很容易形成恶性循环。因此，当网店的DSR动态评分出现飘绿的情况时，卖家一定要及时处理。

3. 影响参加官方活动的资格

淘宝卖家参与大型促销活动、淘宝客活动等时，最基本的要求就是对网店DSR动态评分的考核。淘宝官方的各类活动能在最短的时间内提升网店的曝光率和成交转化率。如果网店的DSR分值太低，就会直接失去报名的资格。图7-5所示为某淘宝客活动的招商要求。

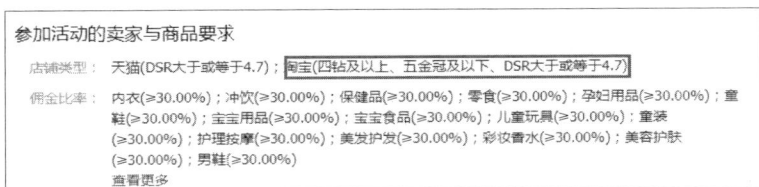

图7-5 | 某淘宝客活动的招商要求

7.2 DSR动态评分的计算公式

DSR动态评分是众多淘宝卖家格外关注的指标。有的淘宝卖家很困惑，为什么最近网店没有获得买家评分，但是网店DSR动态评分却在发生变化呢？为什么由于一个买家的评分较低，导致整个网店DSR动态评分急剧下降呢？

如果淘宝卖家掌握了网店DSR动态评分的计算方式，这些问题就会迎刃而解，并且卖家能从根本上解决网店DSR动态评分偏低的问题。

7.2.1 解析DSR动态评分计算公式

DSR动态评分是卖家极其关注的数据指标之一，如果网店的评分过低，会直接影响网店参加淘宝官方活动的报名资格，还会间接影响到店买家的购买意愿。下面就为淘宝卖家分析和解读淘宝有关DSR动态评分的规则和计算方法。

网店评分指标包括描述相符、服务态度、物流服务3项。买家评分生效后，3项将分别平均计入卖家的网店评分中。

具体计算方法是每项网店评分取连续6个月内买家给予该项评分的总和/连续6个月内买家给予该项评分的次数。每个自然月，相同买、卖家之间交易，卖家网店评分仅计取前3次（计取时间以交易成功时间为准）。网店评分一旦做出无法修改。例如，一共有20个买家参与评分，每个买家只参与一次，（19人给5分，1人给1分），动态平均分为：（19×5+1×1）÷20＝4.8（分）。

特别说明：

① 交易成功后的15天内，买家可本着自愿的原则对卖家进行网店评分，逾期未打分则视为放弃，系统不会产生默认评分，不会影响卖家的网店评分；

② 若买家在进行网店评分时，只对其中1项或几项指标评分就提交，则视为完成网店评分，无法进行修改和补充评分，剩余未评指标视为放弃评分，不会默认评分；

③ 天猫订单买家完成网店评分后，系统会自动代卖家给买家一个好评。

7.2.2　预期DSR动态评分的计算

通常而言，每个淘宝卖家对网店DSR动态评分都有相关的预期值，一旦网店DSR动态评分出现"飘绿"的情况，目前的网店DSR动态评分值就会严重不达标。此时，淘宝卖家应该引起高度重视，并且对宝贝与描述相符、卖家的服务态度以及卖家发货速度3项数据分别进行深入分析。

图7-6所示为某主营男装的淘宝网店的宝贝与描述相符的评分图，该网店的宝贝与描述相符低于同行业平均水平1.03%，目前得分为4.6分，共有2172人评分。

图7-6｜宝贝与描述相符评分图

根据图7-6数据，计算出宝贝与描述相符DSR评分值：

$82.14\% \times 5+10.45\% \times 4+4.24\% \times 3+1.34\% \times 2+1.84\% \times 1 = 4.697$

该评分比同行业平均水平低1.03%，可以计算出同行业平均评分为：

$4.697 \div （1-1.03\%）\approx 4.746$

网店的宝贝与描述相符评分的提高主要是全面提升网店全5分评分，如图7-7所示。

DSR目前分值	与同行业平均水平相比	同行业评分	评分人数	5分	4分	3分	2分	1分	预期5分评分人数	店铺预期DSR评分
4.697	-1.03%	4.746	2172	82.92%	9.95%	4.04%	1.32%	1.76%	100	4.711
				83.64%	9.52%	3.88%	1.26%	1.67%	200	4.723
				84.39%	9.09%	3.70%	1.20%	1.61%	313	4.746

图7-7｜预期5分评分人数与网店预期DSR评分变化

网店的预期5分评分人数为100人时，网店预期DSR评分为：

$（100 \times 5+2172 \times 82.14\% \times 5+2172 \times 10.45\% \times 4+2172 \times 4.24\% \times 3+2172 \times 1.34\% \times 2+2172 \times 1.84\% \times 1）\div （100+2172）\approx 4.711$

在外部条件保持不变的情况下，当网店的预期5分评价人数为100人时，网店DSR动态评分仍低于同行业平均水平。宝贝与描述相符仍然处于"飘绿"的状态。

同理可计算出当网店预期5分评价人数为200时，网店预期DSR评分为：

（200×5+2172×82.14%×5+2172×10.45%×4+2172×4.24%×3+2172×1.34%×2+2172×1.84%×1）÷（200+2172）≈4.723

网店DSR动态评分仍低于同行业平均水平。此时，网店的宝贝与描述相符的评分已经在逐渐上升。

当预期5分评分人数为416人时，此时宝贝与描述相符为：

（416×5+2172×82.14%×5+2172×10.45%×4+2172×4.24%×3+2172×1.34%×2+2172×1.84%×1）÷（416+2172）≈4.746

当网店的预期5分评价人数为416人时，宝贝与描述相符和同行平均水平持平。因此，当网店5分评分人数大于416人时，宝贝与描述相符就会高于同行业平均水平，是宝贝与描述相符评分"由绿变红"的转折点。

因此，淘宝卖家要想全面提升网店DSR评分，至少需要416次连续5分评分。根据上述计算方法计算其他两项指标，其中任意一项数据指标出现"飘绿"的现象时都必须立即采取相应的措施进行改进。

7.3 提升网店DSR动态评分的方法

很多淘宝卖家都很关心提升网店DSR动态评分的方法，而提升DSR动态评分最根本的就是提升买家的用户体验，让买家能感受到买卖双方之间不仅是交易的关系，更有情感的维系。DSR动态评分作为网店最基本的"内功"之一，决不等同于客单价、成交转化率等运营"内功"。那么，DSR动态评分的提升具体包含了哪些内容呢？该怎么根据其特性来提升呢？图7-8所示为网店DSR动态评分的组成图。

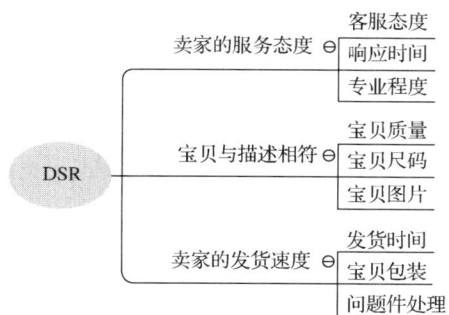

图7-8 | 网店DSR动态评分组成图

7.3.1　宝贝与描述相符的提升

宝贝与描述相符的主要构成如图7-9所示，当宝贝与描述相符评分出现异常的时候，要从宝贝质量、宝贝尺码以及宝贝图片3方面着手寻找原因进行改进。

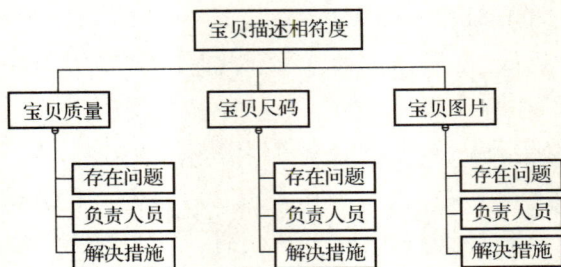

图7-9 | 宝贝与描述相符的层次分析图

1. 宝贝质量

宝贝质量直接决定了网店在淘宝市场上的立足点，优质的宝贝能获得广大买家的好评，为网店的后续发展奠定坚实的基础。而劣质的宝贝极容易伤害买家的购买意愿，且淘宝官方对伪劣宝贝也是严惩不贷的。

图7-10所示为某主营女装的淘宝网店的一款衬衫的评价，宝贝的"累计评论"的"大家印象"中主要分为橙色和灰色，橙色代表好评，灰色代表较低评分，其中灰色有125个评论说宝贝的"质量不行"。

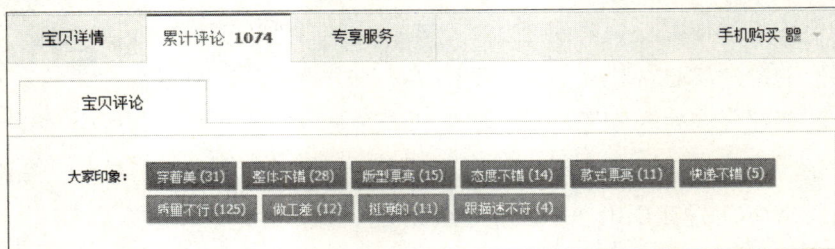

图7-10 | 质量影响宝贝与描述相符的评分

针对购买心理和行为的研究发现，买家在下单决定购买某件宝贝之前，如果买家对宝贝各方面性能的了解不甚清楚，他们往往会听取已经购买过该宝贝的买家的意见。当宝贝评价出现"质量不行""做工差""跟描述不符"等影响宝贝成交转化率的评价时，淘宝卖家应该在第一时间联系买家，询问买家对宝贝哪个部分不满意，并且和买家斟酌协商追加评论。

宝贝的质量是网店采购人员负责的事宜。采购人员在采购宝贝的时候，务必要严把质量关，在宝贝的选款、材质、做工等方面严格甄选，以确保网店的宝贝质量上乘，争取获得绝大部分买家的认可。

2. 宝贝尺码

宝贝尺码的功能主要是为买家提供尺寸参考。图7-11所示为某款斜挎包的一部分评论，很多买家都反映包太小。

图7-11 | 尺码影响宝贝与描述相符的评分

这属于典型的因为尺码问题造成低评分。这部分买家没有结合宝贝的尺码图选择宝贝，而是完全按照自己的想象，收到宝贝时才发现尺码偏小。这部分买家对宝贝描述与相符的评分往往会很低，进而影响宝贝与描述相符的整体评分。

宝贝的尺码表是由运营组负责的，应该在宝贝详情页专门设置宝贝的尺码表。宝贝尺码表应该结合宝贝实物图进行全方位的展示。图7-12所示为某款斜挎包的宝贝尺码图，同时也可在尺码图中附上这样一句话：因测量方法和工具有异，可能会存在1～3cm的误差。

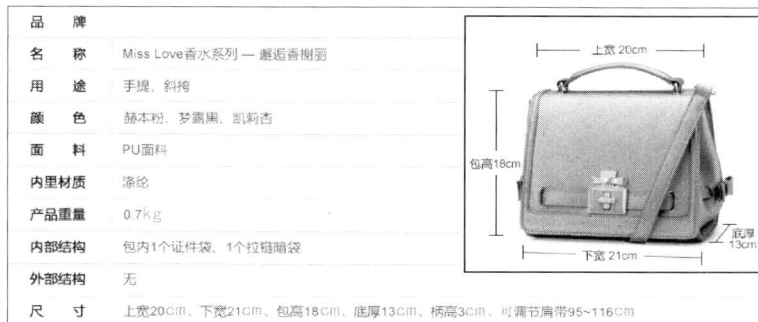

图7-12 | 斜挎包的宝贝尺码表

3. 宝贝图片

买家网购下单的依据之一是宝贝的图片和文字描述。优质的宝贝图片能吸引买家的注意，极大地提升成交转化率。买家想象中的宝贝和图片展示中的宝贝是一样的，收到宝贝后却发现实物和图片相差太大，这种极大的心理落差是网店差评和低评分的主要来源之一。图7-13所示为某款连衣裙的一部分差评截图。

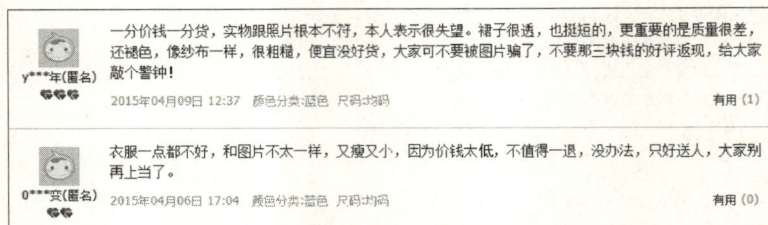

图7-13｜宝贝图片对宝贝与描述相符的影响

　　宝贝图片的设置与优化是由美工组负责的。美工组在设置图片的时候切忌美工过度；同时，在宝贝详情页设置相关的色差对比图，并且说明"该宝贝图片均为实物拍摄图，因为显示器的分辨率不同可能会存在一点色差"。

7.3.2　卖家的服务态度的提升

　　在上百万淘宝网店中，新手淘宝卖家该如何提升网店的整体服务质量呢？当今的买家越来越注重消费的"软环境"，其中"软环境"中较重要的一个因素就是服务态度。

　　卖家的服务态度对网店的发展具有长远的影响。良好的服务态度不但可以直接提升网店的成交转化率，还能提升网店的口碑。淘宝卖家可以从客服态度、响应时间以及专业程度3个方面提升卖家服务态度的DSR动态评分，如图7-14所示。关于客服以及客服相关的知识会在后续章节详细讲解。

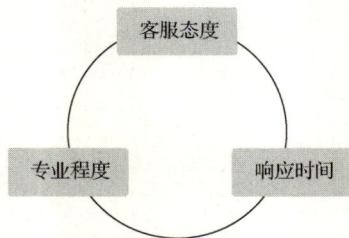

图7-14｜卖家服务态度DSR动态评分的影响因素

　　买家在消费的过程中完全能够感受到一个网店的服务态度的好坏。当买家咨询客服的时候，客服态度的热情程度、响应时间以及解答问题的专业程度都是衡量网店的服务态度的参考标准。

　　如果客服态度较恶劣，会直接吓跑买家，失去客户；如果响应时间过长，回复时买家已经离开网店，也会失去潜在的客户；如果解答买家的问题的时候不够专业，不能取得买家的信任，同样会失去客户，这三者是提升卖家服务态度的DSR动态评分最基本的因素，它们相辅相成，缺一不可。

7.3.3 卖家的发货速度的提升

关于卖家发货速度这一数据指标，很多淘宝卖家认为这是物流公司的问题，并不属于网店应关注的。如果淘宝卖家有这种想法，说明卖家对这一数据指标的认识还不够深入。影响卖家的发货速度的除了物流公司之外，还包括发货的截止时间、发货前的检查、宝贝的包装等，如图7-15所示。

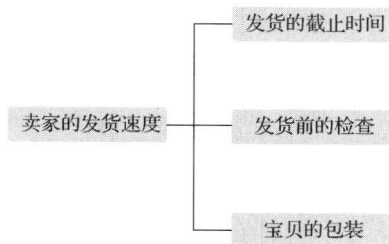

图7-15 | 卖家发货速度DSR动态评分的影响因素

1. 发货的截止时间

发货截止时间是指从买家拍下宝贝到卖家发货的时间。简而言之，发货截止时间也就是最迟发货时间。

在正常情况下，网店的发货截止时间设置在24小时内。在当天发货截止时间前，网店的所有订单必须全部完成审核并发出。对大多数中小卖家而言，网店的运营能力还有待提高，此时淘宝卖家可以直接告知买家店里不接急单。图7-16所示为某主营面食的淘宝网店的公告。

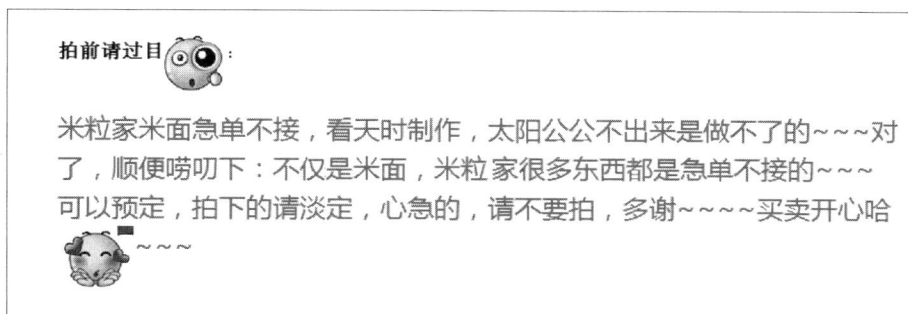

图7-16 | 网店不接急单公告

如果网店参加淘宝官方的大型活动，宝贝的成交量较高，有的宝贝甚至会出现断货的情况，此时客服应该及时用阿里旺旺、短信、电话等方式告知买家。如果买家愿意等待，客服应注意安抚买家的情绪，并且在发货之前通知买家；如果买家不愿意等待，为了避免买家给网店打低评分，客服应该协助买家完成退款等后续工作。

2. 发货前的检查

买家拍下宝贝后，网店仓库应进行发货前的检查，确保买家收到的宝贝没有质量问题。图7-17所示为一款热卖的牛仔背带连衣裙的部分差评截图。

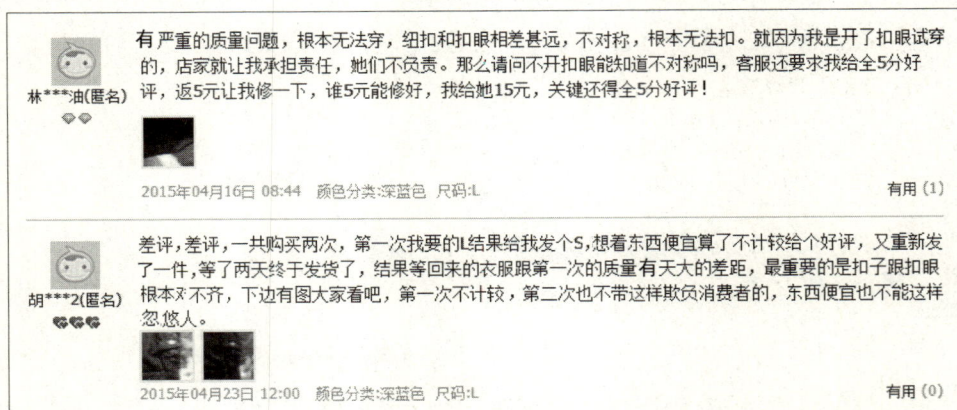

有严重的质量问题，根本无法穿，纽扣和扣眼相差甚远，不对称，根本无法扣。就因为我是开了扣眼试穿的，店家就让我承担责任，她们不负责。那么请问不开扣眼能知道不对称吗，客服还要求我给全5分好评，返5元让我修一下，谁5元能修好，我给她15元，关键还得全5分好评！

林***油(匿名)
2015年04月16日　08:44　颜色分类:深蓝色　尺码:L　　　　　　　有用（1）

差评，差评，一共购买两次，第一次我要的L结果给我发个S,想着东西便宜算了不计较给个好评，又重新发了一件，等了两天终于发货了，结果等回来的衣服跟第一次的质量有天大的差距，最重要的是扣子跟扣眼根本对不齐，下边有图大家看吧，第一次不计较，第二次也不带这样欺负消费者的，东西便宜也不能这样忽悠人。

胡***2(匿名)
2015年04月23日　12:00　颜色分类:深蓝色　尺码:L　　　　　　　有用（0）

图7-17 | 部分差评截图

因为连衣裙的扣眼对不上，买家直接给了网店差评。仓库在发货之前应仔细检查宝贝，一旦发现问题宝贝，应立即登记并处理，问题件登记表如表7-1所示。

表7-1　问题件登记表

时间	名称	货号	批次	问题描述	解决方案
2015/4/20	韩版宽松背带牛仔裙	KT782	3	扣眼对不上	返回生产线
2015/4/20	韩版宽松背带牛仔裙	S189	3	扣眼没有剪开	返回生产线
2015/4/23	韩版宽松背带牛仔裙	A130	2	背带上没有纽扣	仓库组配备纽扣
2015/4/25	韩版宽松背带牛仔裙	A794	2	纽扣脱落	返回生产线

3. 宝贝的包装

大多数买家在签收快递之后都会兴致勃勃地拆开包裹，享受网购带来的快感和满足。当买家拆开包裹的时候，第一种情况是衣服被包裹在一个破旧的塑料袋中；第二种情况是衣服装在一个干净整洁的服饰专用包装袋中，并且有卖家赠送的小礼物。这两种不同的包装方法会产生两种截然不同的评分。

宝贝的包装能在第一时间给买家留下极深的印象。优质的包装能给买家留下良好的印象，买家能感受到淘宝卖家的用心，相应地，也会提高买家对网店的评分。图7-18所示为某淘宝网店的宝贝包装盒。

部分淘宝卖家为了节省包装费，直接用快递公司的包装袋，而在运输过程中，可能会出现碰撞挤压，导致买家在收到宝贝的时候，出现宝贝的包装不完整、外包装严重破损等情况。宝贝的质量再好，如果因为包装问题而引起买家的不满，会导致买家对宝贝的印象大打折扣。

淘宝卖家在包装时需要注意的事项如下：

（1）保持包装盒的干净与整洁，破旧的包装盒会让买家怀疑宝贝的质量；

（2）可以在包装盒内放上小卡片、小手链、小挂饰等小礼品，小礼品的成本很低，但是能让买家感受到卖家的用心；

（3）切忌把宝贝的标签放置在包装盒内，因为一部分买家购买宝贝是用作礼物赠送给朋友的。

图7-18 | 宝贝的包装

本章小结

通过本章的学习，读者能够全面认识DSR动态评分的含义以及其对网店的重要意义，再通过学习DSR动态评分的计算公式，进一步掌握如何计算网店预期的DSR动态评分，分析比较自己网店与同行业平均水平的差距，不断提升网店的DSR动态评分。最后，读者可学到如何从宝贝与描述相符、卖家的服务态度以及卖家的发货速度3个方面全方位提升网店DSR动态评分。

课后思考题

淘宝卖家小王通过不断地学习和研究，逐渐形成了关于淘宝网店科学的数据化运营模式，学会了用数据分析买家的购买特性，掌握了自己网店主力消费群体的消费时间段分布以及兴趣、爱好、特征等。小王根据同行业的变化情况，适当调整了自己网店的销售战略，他的淘宝网店开始渐入佳境。

　　最近的成交买家中，有一位买家的评分是3分。1个3分的评分让小王网店DSR动态评分中的"宝贝与描述相符""卖家的服务态度"两项指标直接"由红转绿"，"宝贝与描述相符"低于同行业0.86%，"卖家的服务态度"低于同行业0.91%。小王看到这种情况不禁傻眼了，为什么1个低评分就让网店DSR动态评分出现这种状况？

　　请根据本章所学的知识，帮助小王分析出现这种情况的原因，并且找出相应的解决办法。

第8章

客户服务数据分析

随着网络购物的兴起，淘宝网店迅速发展起来，进而产生了一个全新的职位——淘宝客服，即淘宝网店的客服人员，他们在整个购物流程中扮演了极其重要的角色。

实际上，淘宝客服的工作已经不再是简单的"聊天"，他们的角色正在进行转变，逐渐开始成为网络营销中关键的环节之一。淘宝掌柜首先应该认识到淘宝客服对整个网店的重要意义，然后根据网店的实际情况制定科学的淘宝客服绩效考核制度，为培养金牌客服做准备。

本章关键词
- 淘宝客服的重要性
- 淘宝客服工作流程中纠纷率最高的环节
- 淘宝客服KPI考核
- 淘宝客服等级的划分
- 打造网店的金牌客服

本章数据分析中的图表展示

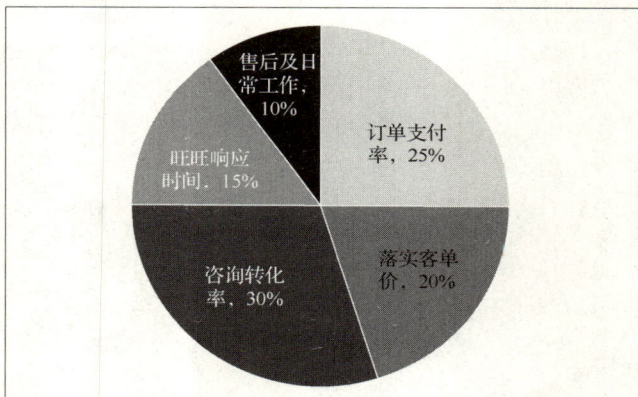

8.1　淘宝客服的基础知识

如今，随着淘宝网络购物的发展，淘宝客服成为一个网店人员构架不可缺少的组成部分。淘宝客服对整个网店的发展有极其重要的推进作用，不容小觑。淘宝掌柜想要管理好自己网店的淘宝客服，最大程度上挖掘客服能为网店创造的利润和价值，首先需要了解淘宝客服的相关基础知识。

8.1.1　淘宝客服的重要性

淘宝客服的实质是网店的一种服务形式。淘宝客服旨在协助网店掌柜更高效地管理网店。图8-1所示为网店运营结构金字塔。

146

图8-1 | 网店运营结构金字塔

淘宝客服通过阿里旺旺与买家交流，了解买家的需求与喜好，解答买家的各种问题，进而达成交易，并且为买家提供优质的售后服务。图8-2所示为淘宝客服完整的工作流程图。

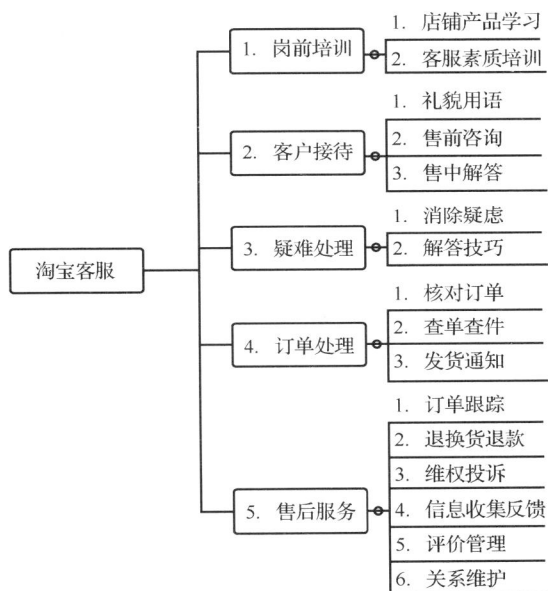

图8-2 | 淘宝客服的工作梳理

淘宝客服在宝贝销售、网店推广、售后服务以及客户关系维护中均有重要作用。

（1）宝贝销售：淘宝客服可根据买家的需求为其推荐相关的宝贝，为买家答疑解惑，提升网店的成交转化率。

（2）网店推广：淘宝客服的服务质量代表整个网店的水平和实力，淘宝客服是网店的门面，优质的服务能直接提升买家对网店的印象。

（3）售后服务：解决宝贝退换货、物流、中差评等问题。

（4）客户关系维护：对网店老客户以及高价值客户进行客户关系维护。

▌8.1.2　淘宝客服工作流程中纠纷率最高的环节

根据图8-2所示，淘宝客服的工作流程主要分为5个环节。在这5个环节中，售后服务中的评价管理是对网店影响最大的环节，正面积极的评价对网店发展是有利的，负面消极的评价给网店造成的损失是十分严重的，"100个好评抵不过1个差评"就是对此最真实的写照。

负面消极评价产生最多的环节往往也是纠纷率较高的环节，所以淘宝网店需把因纠纷率给网店造成的损失降到最低。图8-3所示为某主营女装的淘宝网店最近30天的服务情况，最近30天纠纷率为0.02%，高于行业均值。其中淘宝介入处理退款8次，占总退款次数的2.9%。这些数据直接反映了当前该网店存在很严重的问题。

图8-3 | 网店最近30天的服务情况

淘宝掌柜为了把纠纷率降到最低，针对产生网店纠纷的环节进行了数据化的统计。图8-4所示为某主营女装的淘宝网店统计的数据，其中售后服务环节出现纠纷的情况占纠纷总数的97.25%。

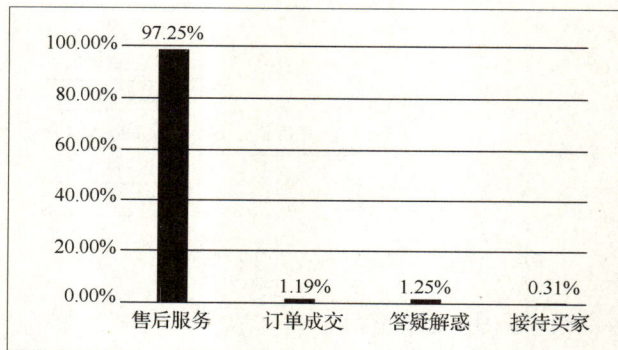

图8-4 | 网店纠纷出现环节分布图

为何售后环节的纠纷率如此之高呢？该掌柜继续对售后环节出现纠纷的原因进行了统计分析，如图8-5所示。其中物流问题引起纠纷的概率最高，包括物流太慢和宝贝包装磨损严重，物流问题引起的纠纷占比为37.85%，其次是客服态度，最后是宝贝自身问题。

综上分析，该网店纠纷率最高的环节是售后环节，其中物流问题和客服态度问题是最主要的因素。因此，解决影响网店纠纷率的因素已经迫在眉睫。

首先，淘宝掌柜应考察物流公司的资质，选择性价比高、口碑相对较好的物流公司作为网店的物流合作伙伴；其次是加大对客服人员的培训和考核，利用科学合理的数据量化客服的工作，不断提升网店客服人员的综合能力。

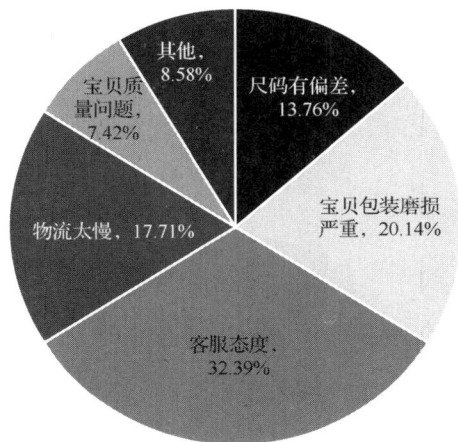

图8-5 ｜ 售后纠纷的原因统计图

8.2　淘宝客服KPI考核

淘宝网店应建立科学合理的关键绩效指标（Key Performance Indicator，KPI）考核制度。对于淘宝掌柜而言，淘宝客服KPI考核制度应把客服人员的业绩目标与网店的整体运营目标相结合，以便能及时发现潜在的问题，并反映给客服人员，进而对客服人员的KPI进行评价和管理，引导网店向正确的方向发展。

8.2.1　淘宝客服KPI考核的含义

淘宝客服KPI考核是指淘宝掌柜通过对客服人员进行目标式的量化考核，把网店的总体运营目标分解为操作性强、分工明确的个体目标。淘宝客服KPI考核明确规定了客服人员的主要任务，明确了每个客服人员的业绩衡量指标。

8.2.2　淘宝客服KPI考核

淘宝客服KPI考核主要服务于网店的整体业绩，为网店的中后期发展做铺垫。通常而言，对客服人员进行考核需要确定以下3个因素。

（1）考核的指标。网店根据客服人员的工作质量、团队合作能力、工作态度等制定考核指标，如成交转化率、客单价、旺旺响应时间等数据指标。

（2）评分的标准。网店分别对不同的考核指标制定相应的评分标准，评分标准的制定要灵活，如销售的旺季和淡季需分别制定不同的评分标准。

（3）权重的分配。权重分配是指为考核指标分配相应的权重。某一指标的权重能直接体现出该指标在整个模型中的相对重要程度，全部指标之和为100%。

例如，某主营女装的淘宝网店，现有3名客服人员，掌柜为了高效地管理整个客服团队，决定对客服人员采取KPI复合考核制度。图8-6所示为网店客服考核指标权重的分配。

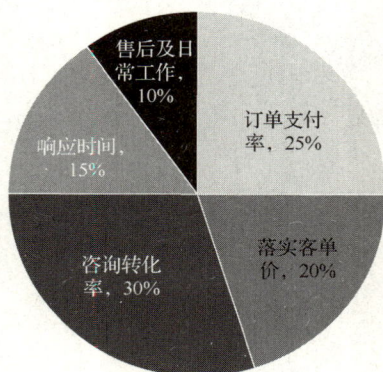

图8-6｜网店客服考核指标权重分配图

1. 咨询转化率

咨询转化率是指所有咨询客服并产生购买行为的人数与所有咨询客服的总人数的比值。其内容在第4章已经做了详细的讲解，故在此处不再详述。表8-1所示为该网店针对淘宝客服KPI考核制定的咨询转化率考核表。

表8-1　咨询转化率考核表

KPI考核指标	计算公式	评分标准	分值	权重
咨询转化率（X）	咨询转化率=成交人数÷咨询总人数	$X \geq 41\%$	100	30%
		$38\% \leq X < 41\%$	90	
		$35\% \leq X < 38\%$	80	
		$32\% \leq X < 35\%$	70	
		$28\% \leq X < 32\%$	60	
		$25\% \leq X < 28\%$	50	
		$X < 25\%$	0	

网店掌柜对3名客服人员最近30天的咨询转化率做了统计，如表8-2所示，再结合表8-1分别计算出3名客服人员的咨询转化率以及权重得分。

表8-2　客服人员咨询转化率统计表

客服人员	成交总人数	咨询总人数	咨询转化率	得分	权重得分
A	88	275	32%	70	21
B	582	1455	40%	90	27
C	232	800	29%	60	18

从3名客服人员的咨询转化率统计表可直接看出，B客服的咨询转化率最高，其次是A客服，最后是C客服。咨询转化率能直接反映出客服人员的工作质量。在同等条件下，咨询转化率越高，对网店的贡献越大。

2. 订单支付率

订单支付率是指成交总笔数与下单总笔数的比值。订单支付率直接影响着网店的利润，除此之外，订单支付率在一定程度上也会影响网店的排名。表8-3所示为该网店针对淘宝客服KPI考核制定的订单支付率考核表。

表8-3　订单支付率考核表

KPI考核指标	计算公式	评分标准	分值	权重
订单支付率（F）	订单支付率=成交总笔数÷下单总笔数	$F \geq 90\%$	100	25%
		$80\% \leq F < 90\%$	90	
		$70\% \leq F < 80\%$	80	
		$60\% \leq F < 70\%$	70	
		$50\% \leq F < 60\%$	60	
		$F < 50\%$	0	

表8-4所示为掌柜对3名客服人员最近30天的订单支付率统计表，再结合表8-3分别计算出3名客服人员的订单支付率以及权重得分。

表8-4　客服人员订单支付率统计表

客服人员	成交笔数	下单总笔数	订单支付率	得分	权重得分
A	228	240	95%	100	25
B	247	325	76%	80	20
C	198	225	88%	90	22.5

从3名客服人员的订单支付率统计表可直接看出，A客服的得分最高，然后是C客服，最后是B客服。

订单支付率是衡量网店利润的指标之一，同时又和客服人员KPI考核息息相关。因此，淘宝掌柜需要加大对订单支付率的重视，采取"以点带面"的考核方法，通过提升客服人员的订单支付率，达到提升网店销量的目的。

3. 落实客单价

落实客单价是指在一定的周期内，客服人员个人的客单价与网店客单价的比值。表8-5所示为该网店针对淘宝客服KPI考核制定的落实客单价考核表。

表8-5　落实客单价考核表

KPI考核指标	计算公式	评分标准	分值	权重
落实客单价（Y）	落实客单价=客服人员个人的客单价÷网店客单价	$Y \geqslant 1.23$	100	20%
		$1.21 \leqslant Y < 1.23$	90	
		$1.19 \leqslant Y < 1.21$	80	
		$1.17 \leqslant Y < 1.19$	70	
		$1.15 \leqslant Y < 1.17$	60	
		$Y < 1.15$	0	

表8-6所示为掌柜对3名客服人员最近30天的落实客单价统计，再根据表8-5可以计算出3名客服人员的落实客单价以及权重得分。

表8-6　客服人员落实客单价统计表

客服人员	客服人员个人的客单价/元	网店客单价/元	落实客单价	得分	权重得分
A	78.23	66.3	1.18	70	14
B	76.9	66.3	1.16	60	12
C	82.8	66.3	1.25	100	20

从3名客服人员的落实客单价统计表可直接看出，C客服的落实客单价最高，其次是A客服，B客服最低。落实客单价直接把客服个人的客单价与网店客单价联系起来，掌柜可以很直观地看出整个团队的水平，以便及时发现问题，这有利于整个团队KPI的提升。

4. 响应时间

响应时间是指当买家咨询后，客服回复买家的时间间隔。响应时间又分为首次响应时间和平均响应时间。表8-7所示为网店针对淘宝客服人员制定的首次响应时间和平均响应时间的考核表。

表8-7　响应时间考核表

KPI考核指标	响应时间/秒	分值	权重
首次响应时间（ST）	$ST \leqslant 10$	100	10%
	$10 < ST \leqslant 15$	90	
	$15 < ST \leqslant 20$	80	
	$20 < ST \leqslant 25$	70	
	$25 < ST \leqslant 30$	60	
	$ST > 30$	0	

续表

KPI考核指标	响应时间/秒	分值	权重
平均响应时间（PT）	$PT \leqslant 20$	100	5%
	$20 < PT \leqslant 25$	90	
	$25 < PT \leqslant 30$	80	
	$30 < PT \leqslant 35$	70	
	$35 < PT \leqslant 40$	60	
	$PT > 40$	0	

表8-8所示为掌柜对3名客服人员最近30天的响应时间统计，再根据表8-7可以计算出3名客服人员的首次响应时间和平均响应时间的得分和权重得分。

表8-8　客服人员响应时间统计表

客服人员	首次响应时间/秒	得分	权重得分	平均响应时间/秒	得分	权重得分
A	13	90	9	21	90	4.5
B	8	100	10	19	100	5
C	16	80	8	27	80	4

从3名客服人员响应时间统计表可直接看出，B客服的响应时间最短，其次是A客服，最后是C客服。

响应时间是影响咨询转化率的因素之一，买家通过阿里旺旺咨询客服，表明买家对该宝贝比较感兴趣，而客服的响应时间会直接影响宝贝的咨询转化率，如果客服的响应时间短、回复专业、态度热情，将会大大提升宝贝的咨询转化率。

5. 售后及日常工作

淘宝客服KPI复合模型能够根据不同的指标对客服人员进行全方位的考核。除了相关的数据指标之外，还包括对淘宝客服人员的售后及日常工作进行考核。表8-9所示为该网店对淘宝客服人员售后和日常工作的考核表。

表8-9　售后及日常工作考核表

KPI指标	评分标准	分值	权重
月退货量（T）	$T < 3$	100	10%
	$3 \leqslant T < 10$	80	
	$10 \leqslant T < 20$	60	
	$T \geqslant 20$	0	

掌柜对3名客服人员最近30天的售后服务统计如表8-10所示，根据表8-9可以计算出3名客服人员的月退货量的权重得分。

表8-10　客服人员售后统计表

客服人员	月退货量	月成交量	月均退货率	得分	权重得分
A	6	289	2.08%	80	8
B	23	423	5.44%	0	0
C	0	260	0%	100	10

从客服人员售后统计表中可直接看出，C客服的月均退货率最低，其次是A客服，B客服的退货率最高。退货率能直接反映出客服的服务质量。客服与买家沟通的时候，应该注意一定的方式与技巧，结合买家的喜好推荐宝贝。

综上所述，该网店掌柜结合咨询转化率、订单支付率、落实客单价等数据指标对网店的客服人员进行综合考核，结果如表8-11所示。

表8-11　客服人员KPI复合考核结果

	A	B	C
咨询转化率	21	27	18
订单支付率	25	20	22.5
落实客单价	14	12	20
首次响应时间	9	10	8
平均响应时间	4.5	5	4
月退货量	8	0	10
总得分	81.5	74	82.5

根据客服人员KPI复合考核结果可知，C客服的综合水平最高，其次是A客服，最后是B客服。

掌柜综合分析了3位客服人员的情况后，针对3位客服目前存在的问题做出了相应的改进措施。

A客服需要降低响应时间，及时回复买家的咨询，提升潜在的咨询转化率；同时，尽量降低退货率，与买家在交流沟通的时候注意方式、方法。

B客服急需提升订单支付率，转化率很高但订单支付率过低会严重影响其个人的业绩考核；同时，B客服需提升售后服务能力和水平，逐步降低退货率。

C客服需要提升咨询转化率，而影响咨询转化率很重要的一个因素就是响应时间，因此，C客服目前应该重点注意缩短旺旺响应时间。

淘宝客服KPI复合模型从多方面对客服进行考核，不仅是个人的业绩能力，更有团队协作能力、工作态度等多方面指标，能够更加透彻地反映出目前客服团队存在的问题。

淘宝客服KPI复合模型也将客服个人与整个网店联系起来。淘宝网店的运营和"木桶效应"相似：一只水桶能装多少水取决于它最短的那块木板。当最短的那块木板得到提升，整个水桶的容积就会得到提升。因此，淘宝掌柜需要通过KPI考核的数据，分析客服团队存在的"短板"，并逐步弥补和提升。

8.3 打造网店金牌客服

在一个淘宝网店的价值创造过程中有这样的规律：20%的骨干客服人员大约能创造整个网店80%的价值，这20%的客服人员具有咨询转化率高、服务质量高、纠纷处理能力强等特点。因此，这部分骨干客服人员也被称为"金牌客服"。淘宝掌柜必须思考的是：针对这部分核心员工，该如何制定相应的考核标准？

8.3.1 淘宝客服等级的划分

淘宝客服是淘宝网店发展的重要支柱，淘宝网店制定完善的客服考核制度是打造金牌客服的前提与基础。网店掌柜可以采取平衡计分卡（Balanced Score Card，BSC）制定网店客服考核标准。图8-7所示为平衡计分卡的组成。

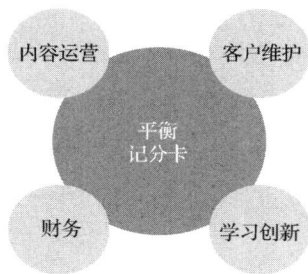

图8-7 | 平衡计分卡绩效考核的四大维度

平衡计分卡是以内容运营、客户维护、学习创新以及财务为维度，根据淘宝网店的组织战略要求设计的指标体系。平衡计分卡是一种有效的网店绩效考核管理工具，它将网店的整体战略目标逐层分解，转化为多个相互平衡的绩效考核体系，并针对这些指标的实现情况进行考核，从而保证网店的整体战略目标得到有效的执行。而金牌客服的考核标准主要是按照客户维护以及学习创新两个维度来制定。

1. 客户维护

某淘宝网店在前期加大宣传的力度，使近期网店新增了100个新客户，但是因为老客户关系维护不到位，同时也流失了100个老客户。如果仅从成交额来看，似乎并没有太大的影响，但是实际上为了促成这100个新客户，网店在宣传和推广等方面花费的成本远远高于维护老客户的成本，从投资回报来看，这种运营之道是不可取的。当然，这并不代表网店不需要开发新客户。

客户维护是平衡计分卡绩效考核的关键。网店要生存和发展，必须创造利润和价值。一般而言，一个网店总会有新客户进来，但是也会有老客户流失。因此，维护新老客户关系成为网店对金牌客服考核的核心。

例如，某淘宝网店主营女式箱包，因为网店的发展，现已有客服5人，掌柜制定了金牌客服的考核标准。图8-8所示为其中客户关系维护的三大考核点。

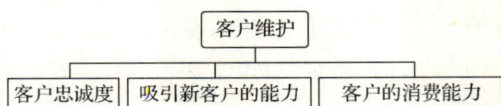

图8-8 | 客户关系维护的三大考核点

（1）客户忠诚度

客户忠诚度又称作客户黏度，它是指客户对某一宝贝或服务产生了好感和信赖，形成了"依附性"偏好，进而重复购买的一种趋势。针对客户黏度的考核主要是从回头客占比、老客户流失率、平均购买周期3个指标进行考核的，如表8-12所示。

表8-12　针对客户黏度的考核表

第一层指标	第二层指标	第三层指标	客服等级
客户黏度	回头客占比（A）	$A>70\%$	金牌客服
		$50\%<A\leq70\%$	高级客服
		$30\%<A\leq50\%$	中级客服
		$A\leq30\%$	初级客服
	老客户流失率（B）	$B<20\%$	金牌客服
		$20\%\leq B<30\%$	高级客服
		$30\%\leq B<40\%$	中级客服
		$B\geq40\%$	初级客服
	平均购买周期（Q）	$Q<45$天	金牌客服
		45天$\leq Q<70$天	高级客服
		70天$\leq Q<95$天	中级客服
		$Q\geq95$天	初级客服

回头客占比是指以前在网店产生过消费行为的客户与访客总数的比值。回头客占比越高，说明客户黏度越强。金牌客服的回头客占比大于70%，说明金牌客服主要成交额来自

回头客，所以，回头客是最具有价值的客户。

老客户流失率是指流失的老客户与所有客户的比值。老客户流失率能直接反映出客服关系维护是否到位。淘宝客服应尽量减少老客户的流失，因为老客户的流失就意味着销售业绩的下降。

平均购买周期是指在网店内累计消费次数大于或等于2次且小于100次的客户（不包括批发商），平均相邻两次成交的时间间隔。不同网店经营的类目不同，日常消费品类目平均购买周期较短，而耐用消费品的平均购买周期则相对较长。所以，网店掌柜在制定该项考核指标时需要根据网店的实际情况来定。

客户黏度是客户忠诚营销活动的中心，也是衡量客户对宝贝以及网店的信任度的重要标尺。客户黏度营销的最终目的就是实现利润的最大化，客户黏度的小幅度提升，客服的业绩就可能会大幅度上升。因此，淘宝客服维护新老客户关系的最根本立足点就是提升客户黏度。

（2）吸引新客户的能力

新客户的成交人数能反映出网店对新客户的吸引程度，而其中很重要的一个因素就是客服的"催化"作用。吸引新客户的能力主要从新客户咨询转化率、新客户N天的重复购买率以及新客户N天的客户保持率3个指标进行分析，如表8-13所示。

表8-13　吸引新客户能力考核表

第一层指标	第二层指标	第三层指标	客服等级
吸引新客户能力	新客户咨询转化率（C）	$C > 80\%$	金牌客服
		$70\% < C \leqslant 80\%$	高级客服
		$60\% < C \leqslant 70\%$	中级客服
		$C \leqslant 60\%$	初级客服
	新客户N天的重复购买率（D）	$D > 10\%$	金牌客服
		$7\% < D \leqslant 10\%$	高级客服
		$4\% < D \leqslant 7\%$	中级客服
		$D \leqslant 4\%$	初级客服
	新客户N天的客户保持率（E）	$E > 5\%$	金牌客服
		$4\% < E \leqslant 5\%$	高级客服
		$3\% < E \leqslant 4\%$	中级客服
		$E \leqslant 3\%$	初级客服

新客户咨询转化率是指之前没有购买记录、访问并下单成交的客户与总访客的比值。新客户咨询转化率直接体现了不同等级客服的服务质量。服务水平较高的客服能准确抓住客户的需求和喜好进行精准营销。

　　新客户N天的重复购买率是指在N天内产生的新客户中，有过2次及以上购买行为的客户占总客户的比例。这一数据指标从侧面反映了宝贝的质量以及客服的服务水平。

　　统计某一天的客户总数，把其中之前没有购买记录的客户挑选出来，这部分客户中有人可能在接下来的N天内有重复购买的行为，这一小部分客户与全部新客户之比称为新客户N天的客户保持率。

　　例如，该女式箱包网店在5月20日共有300人成交，其中190人是之前没有过购买记录的新客户。在接下来的7天中，这190人中有15人有过重复购买记录，那么，该网店的新客户7天的客户保持率为15÷190×100%=7.89%。

　　吸引新客户的能力主要是针对初次在网店消费的客户的关系维护，对于中高级客服而言，这部分客户是提升自己业绩的关键之处，中高级客服凭借积累的销售经验、娴熟的销售能力以及优质的售后服务能迅速"抢夺"大部分新客户资源；而对于初级客服而言，最基础的是熟悉产品各方面的知识，用最真诚的服务态度打动客户。

　　（3）客户的消费能力

　　客户的消费能力是影响网店利润的重要因素之一，不同消费层级的客户为网店带来的利润和价值不同。所以，维护好不同消费层级的客户也是区分客服等级的标准之一，某店针对客户的消费能力的考核表如表8-14所示。

表8-14　客户的消费能力考核表

第一层指标	第二层指标	第三层指标	客服等级
客户的消费能力	日均客单价（M）	M>300元	金牌客服
		200元<M≤300元	高级客服
		100元<M≤200元	中级客服
		M≤100	初级客服
	月销售总额（G）	G>6000	金牌客服
		4000元<G≤6000元	高级客服
		2000元<G≤4000元	中级客服
		G≤2000元	初级客服
	指标完成率（J）	J>90%	金牌客服
		80%<J≤90%	高级客服
		70%<J≤80%	中级客服
		J≤70%	初级客服

　　日均客单价是指客服的每日销售额与接待客户总数的比值。一般情况而言，一天多次购买的客户都合并为一个订单。

月锖售总额是指每个淘宝客服的每月实际销售总额。月销售总额是考察客服的销售能力的重要指标，也是淘宝客服考核的核心指标之一。

指标完成率是指实际销售额与计划销售额的比值。例如，该网店甲客户的月销售额为4973元，计划销售额为5000元，因此，该客服的指标完成率为4973÷5000×100%=99.46%。

客户的消费能力主要是考验网店客服区分和维护不同消费层级客户的能力，客服要重点维护高价值消费层级的客户。

2. 学习创新

学习是创新的基础，创新是学习的拓展。学习不仅是为了创新，但是创新却离不开学习。因此，学习和创新是考核淘宝客服的核心指标之一。某网店对淘宝客服制定了学习创新能力的考核表，如表8-15所示。

表8-15　学习创新能力的考核表

第一层指标	第二层指标	第三层指标	客服等级
学习创新	员工被客户认知度（L）	$L>80\%$	金牌客服
		$60\%<L\le80\%$	高级客服
		$40\%<L\le60\%$	中级客服
		$L\le40\%$	初级客服
	员工培训耗时（H）	$H<50$	金牌客服
		50小时$\le H<100$小时	高级客服
		100小时$\le H<150$小时	中级客服
		$H\ge150$小时	初级客服
	每吸引100个新客户所需成本（W）	$W<100$元	金牌客服
		100元$\le W<200$元	高级客服
		200元$\le W<300$元	中级客服
		$W\ge300$元	初级客服

客服人员的学习和创新能力很大程度上能影响网店的发展，客服人员的学习和创新能力越强，所需要的时间成本和金钱成本越少，为网店的发展和壮大做出的贡献越大。因此，学习和创新能力也是客服等级考核的标准之一。

8.3.2　数据化打造金牌客服

网店客服主要通过阿里旺旺与客户打交道。客服要想通过阿里旺旺把网店宝贝销售出去，首先就要了解客户目前的需求，并推荐相关的宝贝，通过与客户交流和沟通促成交易。随着客户消费心理的日益成熟、网络购物机制的日益完善和宝贝类目的日益丰富，整个市场的天平已经逐渐开始由卖家向买家倾斜，使客服的工作面临着越来越多的挑战，具体如图8-9所示。

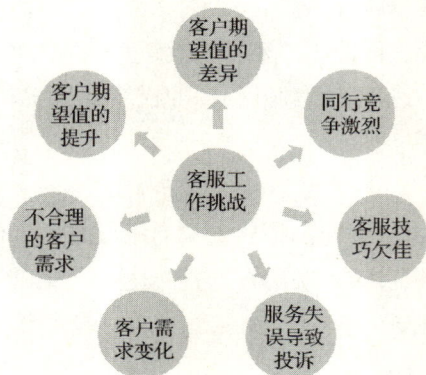

图8-9｜客服工作的挑战

例如，现有甲、乙两家主营女装的淘宝网店，相关的数据指标如表8-16所示。

表8-16　甲乙网店的数据指标对比

数据指标	甲网店	乙网店
客服人数	3人	6人
有效日均咨询人数	2000人/次	1300人/次
咨询转化率	53.46%	32.15%
客服工资	9000元	9000元
月销售额	40万元	20万元

根据表8-16所示的数据可知，甲网店的有效日均咨询人数和咨询转化率两项关键性指标均高于乙网店，甲网店的月销售额也高于乙网店。可见，网店客服的人数更多，并不代表能为网店创造的价值更高。淘宝掌柜制定有效的考核指标才是打造金牌客服和提升网店利润的关键。

所以，淘宝掌柜建立适应电子商务发展模式的绩效考核迫在眉睫。那么，部分中小卖家的掌柜该从哪些方面打造金牌客服呢？首先，淘宝掌柜应该明确自己网店的金牌客服需要具有哪些能力，思考如何利用数据化方法管理客服和打造客服。接下来将具体讲解如何打造网店的金牌客服。图8-10所示为金牌客服的考核指标。

1．订单价值

订单价值是指订单为网店带来的利润和价值，衡量指标主要包含成交额、成交比重、订单数、客单价以及异常订单数。其中异常订单数是指客服人员出现抢单、冒领订单以及改单等影响正常工作秩序的现象的订单数。

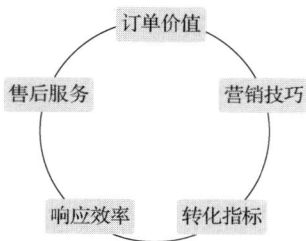

图8-10 | 金牌客服考核标准

分析订单价值可以直接从成交额入手。在单位时间内，成交额=订单数×客单价，即在单位时间内交易成功的订单总数乘以人均消费金额。

例如，某主营女包的淘宝网店现有客服3名，掌柜根据3名客服最近30天的订单价值的相关数据指标做了统计，如表8-17所示。

表8-17　客服人员订单价值考核表

	成交额/元	成交比重	订单数/件	客单价/元	异常订单数/件
A	5391	50.89%	132	40.84	9
B	2640	24.92%	130	20.30	0
C	2561	24.18%	125	20.49	0

根据表8-17可知，成交额是影响订单价值的主要因素之一，而成交额又与订单数和客单价有关。从整体而言，A客服的订单价值对网店产生的价值最大，其次是C客服，最后是B客服。当客服人员的订单数和客单价得到提升后，成交额也会得到提升。但是在提升订单数和客单价的同时，客服人员需要公平公正地参与竞争，如果其中出现抢单、冒领订单以及改单等情况，掌柜需要采取相应的惩罚措施。

2. 营销技巧

营销技巧是指客服人员根据不同的场合采取相应的销售技巧，提升客单价。淘宝掌柜主要是从滞销品销售、主动营销两方面对客服的营销技巧进行培养。

滞销品是指网店的尾货或款式已经过时的宝贝，这一部分宝贝需要客服人员进行清仓处理，以低价吸引客户的注意力，为网店带来流量。

主动营销是指客服人员根据客户的需求和喜好，进行宝贝的推荐营销。在清楚掌握客户需求的基础上再进行主动营销能直接提升客服人员个人的业绩。下面是该网店客服人员与客户之间的对话，如图8-11所示。

营销技巧是客服人员对客户心理、产品专业知识、社会常识、表达能力以及沟通能力等方面灵活的掌控与运用。营销过程就是人与人之间沟通的过程，营销技巧是销售能力的体现，也是客服人员的一种必备的工作技能。

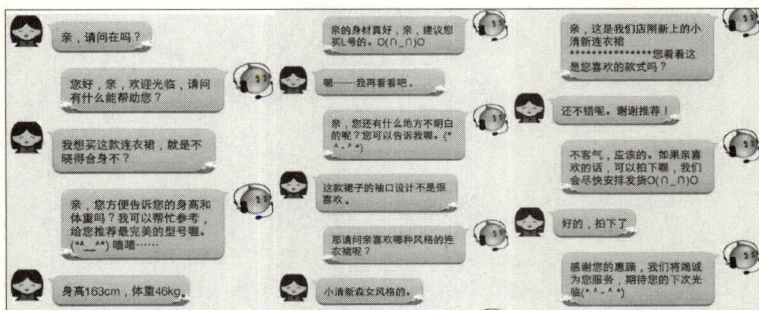

图8-11│客服主动营销

3. 转化指标

转化指标是指客服人员引导客户产生购买行为的指标。转化指标主要包括日均订单数、咨询转化率等。

结合表8-17的案例，该店的掌柜对3位客服人员的转化指标做了相关的统计，如表8-18所示。

表8-18　客服人员转化指标考核表

	日均订单数/件	咨询转化率	新客户转化率
A	4.4	46.33%	62.78%
B	4.3	31.42%	48.61%
C	4.16	32.56%	53.72%

根据表8-18综合各项转化指标来分析，A客服的综合转化率最高，其次是C客服，最后是B客服。

4. 响应效率

响应效率是影响咨询转化率的重要指标。响应时间短，客户的问题能在第一时间内得到解决，如果响应时间过长，客户会失去等待的耐心，从而导致网店失去潜在的客户。

响应时间主要包括首次响应时间、平均响应时间和未回复客户数。其中首次响应时间是指客服人员对买家第一次回复用时的平均值，能帮助掌柜分析客服人员的响应够不够及时；平均响应时间是指客服人员每次回复买家用时的平均值；未回复客户数是指客服人员未接待的有效客户的总人数。

表8-19所示为该掌柜对3位客服人员的响应时间进行统计。

表8-19　客服人员响应时间考核表

	首次响应时间/秒	平均响应时间/秒	日均未回复客户数/人
A	8	13	158
B	12	20	261
C	10	21	249

根据表8-19可知，A客服的效率最高，其次是C客服，最后是B客服。响应效率能考验一个客服人员的工作能力和抗压能力。掌柜根据客服人员的响应时间可以基本上判断出不同客服人员的工作效率以及工作态度。

5. 售后服务

售后服务是指在完成销售以后，网店为客户提供的各种服务活动。从网店的长远发展来看，售后服务也是一种销售，网店提供的优质的售后服务能获得客户的信赖，进而提升客服人员销售工作的效率，提升网店的信誉，扩大宝贝的市场占有率，如图8-12所示。

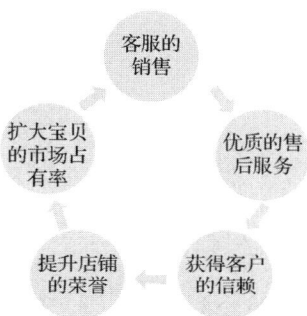

图8-12 │ 售后服务对网店发展的贡献

淘宝网店的售后服务主要包括中差评的处理和退换货率的控制。表8-20所示为该掌柜对3位客服人员售后服务的考核表。

表8-20　客服人员售后服务考核表

	中评数	差评数	中差评处理率	退换货率
A	3	4	83.89%	17.16%
B	6	2	86.77%	16.44%
C	2	3	80.41%	19.79%

根据表8-20可知，B客服的售后服务质量最高，其次是A客服，最后C客户。中差评是影响网店DSR动态评分的重要因素，当网店出现中差评时，客服人员务必在第一时间内联系客户，询问原因并协商解决的办法。中差评处理率是评价一个客服人员售后服务水平的最有力的数据。

退换货率既是考验客服人员服务质量的重要指标之一，也是最容易产生纠纷的环节。因为退换货的途中会产生快递费用，客服人员在这一环节需要和客户进行有效的沟通。如果是宝贝出现非质量问题引起的退换货，客服人员应该明确告知客户，这其中产生的快递费用由客户自负，并且客服人员在退换货的过程中应该全程跟踪物流、退款的去向，并做好客户的情绪安抚工作。

本章小结

通过本章的学习，读者能认识到淘宝客服对网店的重要意义，在了解了客服工作流程的基础之上，进一步了解在整个工作流程中纠纷率最高的环节——售后环节。本章接下来讲解如何对淘宝客服人员进行KPI绩效考核，淘宝掌柜利用全面、充分的数据对客服人员进行综合考核，为网店打造金牌客服"埋伏笔"，最后讲解针对网店的实际情况对客服进行等级划分，利用数据化模式打造出网店的金牌客服。

课后思考题

随着网店的规模扩大，淘宝卖家小王又将多了一个身份——淘宝掌柜。因为经过之前的学习和摸索，小王的网店生意逐渐扩大，很多时候一个人根本无法回复多个客户的咨询，错失了很多的潜在客户。因此，小王决定招聘3名客服人员，在客服人员的协助下，小王的工作负担一下子减轻了很多，于是，他有更多的时间进行网店相关数据的研究、分析。

一段时间后，小王发现，统一的薪酬制度很容易打击客服人员的工作积极性。可是，小王并非人力资源管理相关专业的人员，不懂如何制定淘宝客服人员的考核标准，也不知道该从哪些方面去培养网店的金牌客服。

请你结合本章所学知识，为小王制定一套完整的淘宝客服考核标准。

第9章

网店利润
分析

网店运营的最终目的就是实现网店利润的最大化。要想实现网店利润的最大化，卖家就必须分析影响网店利润的因素，并且通过不断优化影响利润的因素，提升网店的利润。

从网店的数据化运营的角度出发，增加成交额、减少成本是提升利润的重要途径。卖家应该根据目前网店的实际情况以及淘宝市场的最新动态和发展趋势做出相应的有关运营的战略性调整，提前对网店的运营成本进行预测和分析，正确处理"开源"与"节流"的关系；转变"节约就是降低成本"的传统运营观念，善于从产出与投入的关系进行分析，用最少的成本创造出更大的利润和价值。

本章关键词

- 利润与利润率的定义
- 影响网店盈利的因素
- 网店利润的预测与分析
- 网店利润的规划求解

本章数据分析中的图表展示

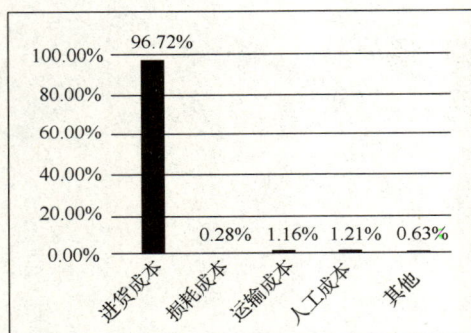

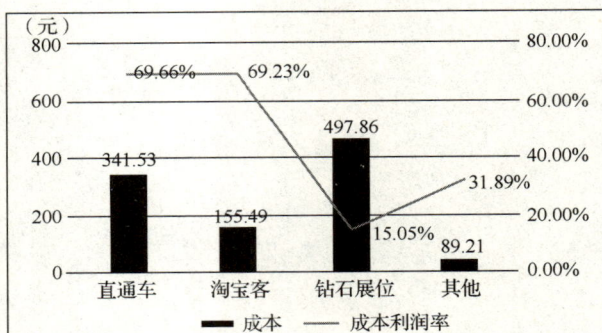

9.1　网店利润与利润率的定义

在学习了这么多淘宝开店的方法和规则之后，接下来卖家需要进行更深层次的分析和思考。作为一名淘宝卖家，即使有再多的经营方法和技巧，也需要深入地理解、分析网店的盈利模式。

淘宝网店的发展离不开盈利模式，一个好的盈利模式是保证网店发展与壮大的前提。那么，淘宝卖家该如何确定网店的盈利模式呢？首先，应该了解网店的利润与利润率之间的关系。

利润是指收入与成本的差额，也包括其他直接计入损益的利得和损失。利润也被称为净利润或净收益。如果用 P 代表利润，K 代表宝贝成本，W 代表收入，那么利润的计算公式为：$P=W-K$。

如果用P'代表利润率，K代表宝贝成本，W代表收入，那么利润率的计算公式为$P'=（W-K）\div K\times100\%$。利润率分为成本利润率、销售利润率以及产值利润率，本章主要讨论成本利润率。

例如，某主营童装的淘宝网店卖家为了核算网店4～6月的利润，根据相关的数据指标进行了统计，结果如表9-1所示。

表9-1　网店利润与利润率

	成交量/件	成交均价/元	网店成交额/元	网店总成本/元	网店利润/元	利润率
4月	1346	95.45	128475.7	83928.3	44547.4	53.08%
5月	1209	95.19	115084.71	74468.1	40616.61	54.54%
6月	1532	86.26	132150.32	85752.8	46397.52	54.11%

9.2　影响网店盈利的因素

淘宝网店运营的核心是盈利。对于大部分淘宝卖家而言，如何利用最少的成本获取最大的利润才是其最关心的问题。淘宝卖家首先应该明确影响网店盈利的因素有哪些，然后对各个影响因素进行深入的分析和总结。

淘宝卖家可以把利润的计算公式作为盈利分析的切入口，网店利润=网店成交额－网店总成本，因此，影响网店利润的因素有两个，分别是网店成交额和网店总成本。淘宝卖家要想实现网店利润的最大化，最理想的状态是提升网店成交额，降低网店总成本，但是在正常情况下，网店通常会采取降低网店总成本的方法来提升网店利润。

减少总成本需要先分析影响总成本的因素，而影响网店总成本的因素主要有宝贝成本、推广成本以及固定成本。下面分别对相关的影响因素进行深入的分析。

9.2.1　宝贝成本

宝贝成本是网店总成本构成的关键部分之一。淘宝卖家在运营整个淘宝网店的过程中，关于宝贝成本的预测、分析、决策和控制是必不可少的，而在决策和控制前需要先对宝贝成本进行预测和分析，预测和分析需要根据网店之前的宝贝成本的相关数据进行研究。

例如，某淘宝网店主营女士服装，网店80%的宝贝来自当地的批发市场，其余20%的宝贝则是从阿里巴巴批发商城进货的。图9-1所示为该网店宝贝成本的构成图。

在当地的批发市场进货需要安排员工进货，会产生一定的人工成本；在阿里巴巴批发商城进货则会产生相应的快递运输费，并且在运输途中可能会出现宝贝损耗、快件丢失等情况。

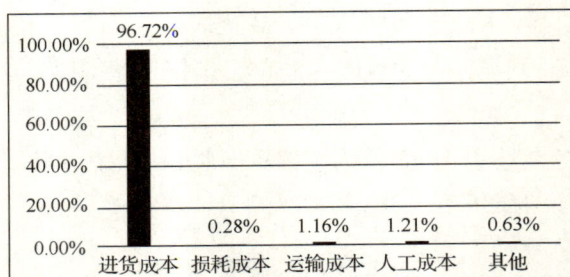

图9-1｜宝贝成本的构成

该淘宝网店某次进货的宝贝总成本为6932.43元，其中，两种不同的进货方式相对应的宝贝成本如表9-2所示。

表9-2　两种不同进货方式的成本

进货渠道	进货成本/元	人工成本/元	运输成本/元	损耗成本/元	其他
当地的批发市场	5364.04	83.88	—	—	43.67
阿里巴巴批发商城	1341	—	80.42	19.41	

根据该网店的宝贝成本分析可知，网店从当地的批发市场进货的进货成本为$6932.43 \times 96.72\% \times 80\% \approx 5364.04$元，其中人工成本为$6932.43 \times 1.21\% \approx 83.88$元，进货成本消耗率为$83.88 \div 5364.04 \times 100\% \approx 1.56\%$。

网店从阿里巴巴批发商城进货的进货成本为$6932.43 \times 96.72\% \times 20\% \approx 1341$（元），其中运输成本为$6932.43 \times 1.16\% \approx 80.42$（元），损耗成本为$6932.43 \times 0.28\% \approx 19.41$（元），进货成本消耗率为$(80.42+19.41) \div 1341 \times 100\% \approx 7.44\%$。

综合两种不同的进货方式可以发现，从当地的批发市场进货的成本消耗率仅为1.56%，而从阿里巴巴批发商城进货的成本消耗率高达7.44%。因此，淘宝卖家可以考虑适当减少网店在阿里巴巴批发商城进货的比例。

随着市场经济的不断发展，最大化的经济利益成为每个淘宝网店发展的必然选择。成本核算是淘宝网店的运营和管理的重要环节。淘宝卖家想要在竞争激烈的市场中生存下去，就必须最大限度地降低宝贝的生产成本，做好相关的核算工作。淘宝卖家通过有效的成本核算，能够构建体系全面的网店成本管理思维，跳出传统的成本控制框架，掌握成本分析的核心思想，运用有效的方法为网店的决策和控制提供数据支撑。

9.2.2　推广成本

在网上开店之后，网店相关的运营问题让很多新手卖家无从下手，如网店的装修、网店的活动、网店DSR动态评分的提升等，但是最让广大卖家头疼的还是网店的推广。当今时代已经不再是坐等买家上门的时代了，网店的推广会直接影响网店的发展，推广的深度也决定着网店后期的发展速度。当然网店推广有哪些方式，推广的效果如何十分重要。但对于初次接触网店推广的淘宝卖家而言，他们往往更关心的是推广的成本。

淘宝网店最常用的付费推广方式有直通车、淘宝客以及钻石展位。接下来将讲解这3种不同的付费推广方式的成本问题。在本书的第3章已经详细讲解了关于这3种推广方式的收费方法和竞价技巧，因此，在本小节只讲解3种推广方式的成本核算。

例如，某淘宝卖家对网店最近30天付费推广的成本、成交额、利润以及成本利润率等数据指标进行了统计，如表9-3和图9-2所示。

表9-3 不同推广方式的成本利润率

	成本/元	成交额/元	利润/元	成本利润率
直通车	341.53	579.46	237.93	69.67%
淘宝客	155.49	263.15	107.66	69.24%
钻石展位	497.86	572.81	74.95	15.05%
其他	89.21	117.39	28.18	31.59%

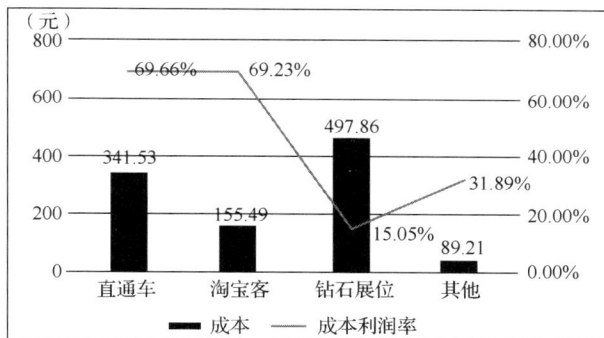

图9-2 | 推广成本和成交转化率

根据表9-3和图9-2综合分析可知：从成本分析，钻石展位的成本最高，其次是直通车；再结合成本利润率来分析，钻石展位的成本最高，但是成本利润率却最低，直通车和淘宝客但有较高的成本利润率。

因此，淘宝卖家可以根据统计的结果对网店的推广方式进行调整。首先，降低钻石展位的推广成本；其次，加大直通车和淘宝客的推广成本，尤其是淘宝客；最后也适当增加其他推广方式的成本。

当网店发展到一定阶段的时候，就需要进行一系列的推广。如果淘宝卖家始终保持"酒香不怕巷子深"的思想，不进行有效的营销推广，那么，网店很快就会被淹没在众多的淘宝网店之中。但是，盲目进行推广也是不行的，淘宝卖家需要定期对网店的推广进行有效的数据分析，挖掘出对网店贡献最大的推广方式，再对网店的推广方式进行有目的、有方向的战略调整。

▌9.2.3　固定成本

固定成本又被称为固定费用，是指成本总额在一定时期和一定业务量范围内，不受业务量增减变动影响或受影响不大的成本。针对淘宝网店而言，固定成本主要包括场地租金、员工工资、网络信息费以及设备折旧费用等。

例如，某网店现有2名客服人员，1名美工人员，1名数据运营人员，掌柜对网店最近3个月的固定成本进行了数据统计分析，如表9-4所示。

表9-4　固定成本数据统计

单位：元

月份	场地租金	员工工资	网络信息费	设备折旧费用	合计
4月	4000	22000	100	756.38	26856.38
5月	4000	21600	100	270.42	25970.42
6月	4000	25800	100	316.66	30216.66

根据该网店的固定成本分析，场地租金和网络信息费是固定不变的，员工工资和设备折旧费用会有小幅度的变动。设备折旧费用的成本属于固定成本中最基础的成本之一，尽量降低人为损伤能在一定程度上降低设备的折旧费用。一般而言，员工工资与成交额紧密相关，员工工资越高表示网店的成交额越高。

综上分析，淘宝网店要获得更大的发展空间，就必须实现利润的最大化。影响网店利润的主要因素共有3个，即宝贝成本、推广成本以及固定成本。

（1）宝贝成本

不同的进货方式的成本消耗率不同，掌柜需根据统计的结果对网店进货方式进行调整，尽量把进货过程中的成本消耗率降到最低。

（2）推广成本

淘宝网店目前的推广方式主要有直通车、淘宝客以及钻石展位3种，掌柜可根据推广效果与推广成本的统计数据来确定三者之间的平衡点，选择最优的推广方式，并且大力培养最具潜力的推广方式。

（3）固定成本

固定成本在短期内变化不大，网店无法通过缩减固定成本来提升网店的利润。但是掌柜可以制定员工的KPI绩效考核制度，不断提升员工为网店创造的利润和价值。

随着淘宝市场的竞争加剧，许多淘宝网店已经处于微利的状态，在这种情况下，如果网店的总成本偏高，意味着网店的利润很少。

任何一个淘宝网店的终极追求目标都是实现利润的最大化，也就是要寻求网店成本与利润的黄金分割点。那么，网店掌柜应该如何确定网店成本与利润的黄金分割点呢？首先，网店掌柜要善于分析网店的各项成本，总结存在的问题；其次，利用已有的数据对网店的成本进行预测，估算整个网店的各项成本支出。接下来将讲解如何利用网店的历史成本数据对网店的利润进行预测。

9.3 网店利润的预测与分析

利润的预测是淘宝网店运营必不可少的一个步骤。卖家应在收集的网店运营的历史数据和现有生产运营条件的基础上，根据各种影响因素与利润的关系，对网店的利润的变化趋势进行预测。

在进行利润的预测之前，卖家必须以网店的实际发展情况和目前的淘宝市场的变化动态为出发点，运用数据分析方法对网店利润进行科学合理的预测，把网店运营中的未知变为预知，以便合理组织网店的运营和推广，提高网店的经济效益，预测方法包括线性预测法、指数预测法、图表预测法以及分析工具预测法。

9.3.1 线性预测法

线性预测法是一种用来确定两个变量之间的关系的一种数据建模工具。在实际工作中，这种预测方法经常被用于测量一个变量随另一个变量的变化趋势。下面将根据指定的销售目标，预测网店所需要的成本。

在Excel中，可以用TREND函数来做线性预测，该函数可返回线性回归拟合线的相关参数值，即找到适合已知数组Know_y's和数组Know_x's的直线（用最小二乘法），并返回指定数组New_x's在直线上对应的值。

例如，某淘宝网店主营女士箱包，卖家对上半年的成交量、宝贝成本、推广成本以及固定成本进行了统计，为了在下半年实现网店利润的快速增长，该卖家制定了下半年的销售目标，如图9-3所示，接下来该卖家将对下半年的各项成本进行预测。

	A	B	C	D	E
1	月份	成交量	宝贝成本	推广成本	固定成本
2	1月	369	¥9,463	¥1,245	¥11,397
3	2月	412	¥8,599	¥983	¥10,412
4	3月	185	¥6,542	¥671	¥9,822
5	4月	204	¥7,246	¥802	¥10,462
6	5月	351	¥10,349	¥1,279	¥13,029
7	6月	342	¥9,877	¥1,073	¥11,734
8	7月	400			
9	8月	450			
10	9月	500			
11	10月	550			
12	11月	600			
13	12月	600			
14	合计				

图9-3｜上半年成交量与各项成本以及下半年销售目标

第一步，插入函数。

首先选择需要进行预测计算的C8:C13单元格区域，再单击编辑栏中的"插入函数"按钮，弹出"插入函数"对话框，选择"或选择类别"为"统计"，在"选择函数"列表框中选择TREND函数，然后单击"确定"按钮，如图9-4所示。

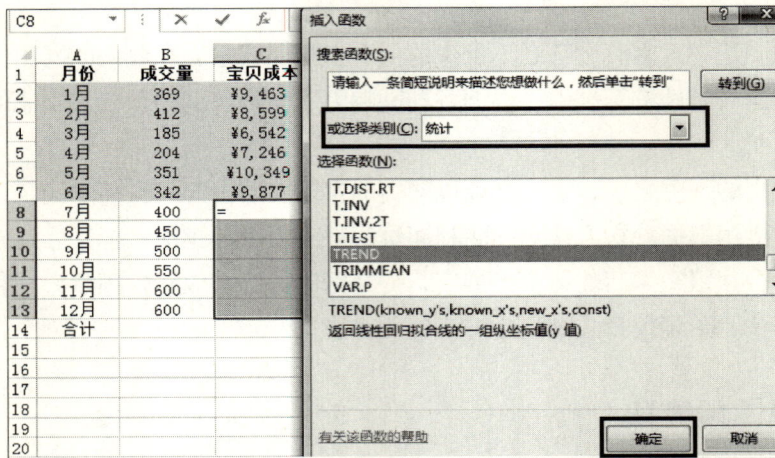

图9-4｜插入TREND函数

第二步，设置函数参数值。

系统会弹出"函数参数"对话框，在Know_y's文本框中输入"C2:C7"，在Know_x's文本框中输入"B2:B7"，在New_x's文本框中输入"B8:B13"，最后单击"确定"按钮，如图9-5所示。

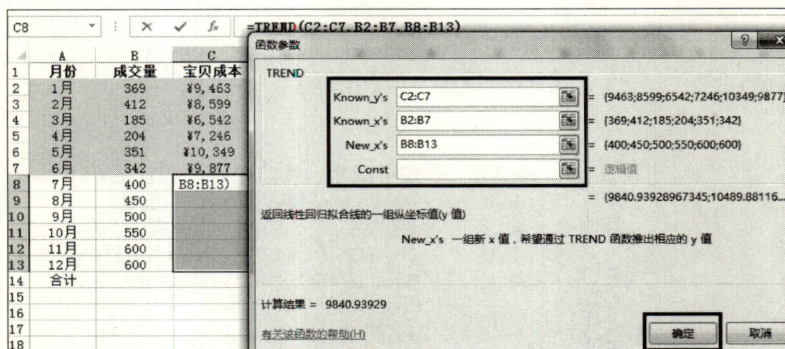

图9-5｜设置函数参数值

第三步，显示计算的结果。

选中C8单元格，复制C8单元格至C13单元格，即可显示计算的结果，得到该网店下半年的预测宝贝成本，如图9-6所示。

| C8 | ▼ | : | × | ✓ | fx | =TREND(C2:C7,B2:B7,B8:B13) |

	A	B	C	D	E	F
1	月份	成交量	宝贝成本	推广成本	固定成本	
2	1月	369	¥9,463	¥1,245	¥11,397	
3	2月	412	¥8,599	¥983	¥10,412	
4	3月	185	¥6,542	¥671	¥9,822	
5	4月	204	¥7,246	¥802	¥10,462	
6	5月	351	¥10,349	¥1,279	¥13,029	
7	6月	342	¥9,877	¥1,073	¥11,734	
8	7月	400	¥9,841			
9	8月	450	¥10,482			
10	9月	500	¥11,757			
11	10月	550	¥12,313			
12	11月	600	¥12,655			
13	12月	600	¥12,740			
14	合计					

图9-6 | 显示计算的结果

第四步，预测其他成本。

按照相同的方法计算网店下半年的推广成本和固定成本。选中单元格区域D8:D13，在编辑栏中输入"=TREND(D2:D7,B2:B7,B8:B13)"，输入后，按Enter键即可得到7月的预测推广成本，复制D8单元格至D13单元格，即可得到该网店下半年的预测推广成本。

再选中单元格区域E8:E13，在编辑栏中输入"=TREND(E2:E7,B2:B7,B8:B13)"，输入正确的公式后，按Enter键即可得到7月的预测固定成本，复制E8单元格至E13单元格，即可得到该网店下半年的固定成本。

最后在B14单元格中输入公式"=SUM(B2:B13)"，按Enter键即可得到全年的总预测成交量，复制公式至E14，可分别求出3项成本的全年预测总值，如图9-7所示。

月份	成交量	宝贝成本	推广成本	固定成本
1月	369	¥9,463	¥1,245	¥11,397
2月	412	¥8,599	¥983	¥10,412
3月	185	¥6,542	¥671	¥9,822
4月	204	¥7,246	¥802	¥10,462
5月	351	¥10,349	¥1,279	¥13,029
6月	342	¥9,877	¥1,073	¥11,734
7月	400	¥9,841	¥1,191	¥11,707
8月	450	¥10,482	¥1,256	¥12,059
9月	500	¥11,757	¥1,442	¥13,012
10月	550	¥12,313	¥1,522	¥13,233
11月	600	¥12,655	¥1,588	¥13,263
12月	600	¥12,740	¥1,610	¥13,427
合计	4963	¥121,864	¥14,663	¥143,556

图9-7 | 其他成本的预测结果

如果网店的成交均价为98.88元，卖家根据线性预测法可以分别求出网店上半年的利润、下半年的预计总销售额、预计总成本以及预计利润。

网店上半年的总销售额：1863×98.88=184213.4（元）

网店上半年的总成本：52076+6053+66856=124985（元）

网店上半年的利润：184213.4−124985=59228.4（元）

网店下半年的预计总销售额：3100×98.88=306528（元）

网店下半年的预计总成本：69788+8609+76701=155098（元）

网店下半年的预计利润：306528－155098=151430（元）

线性预测法是根据自变量*X*和因变量*Y*之间的变化关系，建立*X*与*Y*的线性回归方程进行预测的一种方法。由于影响网店利润的因素是多方面的，所以，卖家在运用线性预测法的时候，需要对影响利润的因素进行多方面的分析和研究。只有当在众多的因素中，存在某一个因素对变量*Y*的影响明显高于其他因素时，才能将这个变量作为自变量*X*，运用线性预测法对网店进行预测。

9.3.2　指数预测法

指数预测法可以采用LOGEST函数进行预测，LOGEST函数的作用是在回归分析中，计算出最符合数据的指数回归拟合曲线，并返回描述该曲线的数值数组。接下来将讲解利用LOGEST函数预测成本的具体方法及步骤。

结合图9-3所示范例，首先，在C8单元格中输入公式："=INDEX(LOGEST($C$2:$C$7, $B$2:$B$7),2) *INDEX(LOGEST($C$2:$C$7, $B$2:$B$7),1)^ B8"，按Enter键即可得到7月份的预测宝贝成本，复制C8单元格至C13单元格，即可得到该网店下半年的预测宝贝成本，如图9-8所示。

	A	B	C	D	E
1	月份	成交量	宝贝成本	推广成本	固定成本
2	1月	369	¥9,463	¥1,245	¥11,397
3	2月	412	¥8,599	¥983	¥10,412
4	3月	185	¥6,542	¥671	¥9,822
5	4月	204	¥7,246	¥802	¥10,462
6	5月	351	¥10,349	¥1,279	¥13,029
7	6月	342	¥9,877	¥1,073	¥11,734
8	7月	400	¥9,892		
9	8月	450	¥10,722		
10	9月	500	¥11,621		
11	10月	550	¥12,596		
12	11月	600	¥13,653		
13	12月	600	¥13,653		
14	合计				

图9-8｜指数预测宝贝成本

按照同样的方法，在D8单元格中输入公式："=INDEX(LOGEST($D$2:$D$7,$B$2:$B$7),2) *INDEX(LOGEST($D$2:$D$7, $B$2:$B$7),1)^ B8"，复制D8单元格至D13，得到预测的推广成本。

在E8单元格中输入公式："=INDEX(LOGEST($E$2:$E$7,$B$2:$B$7),2) *INDEX(LOGEST($E$2:$E$7, $B$2:$B$7),1)^ B8"，复制E8单元格至E13，得到预测的固定成本。

最后在B14单元格中输入计算公式“=SUM(B2:B13)”，得到全年的总预测成交量，向右复制公式至E14，即可得到各项的预测总成本，如图9-9所示。

月份	成交量	宝贝成本	推广成本	固定成本
1月	369	¥9,463	¥1,245	¥11,397
2月	412	¥8,599	¥983	¥10,412
3月	185	¥6,542	¥671	¥9,822
4月	204	¥7,246	¥802	¥10,462
5月	351	¥10,349	¥1,279	¥13,029
6月	342	¥9,877	¥1,073	¥11,734
7月	400	¥9,892	¥1,200	¥11,679
8月	450	¥10,722	¥1,342	¥12,019
9月	500	¥11,621	¥1,500	¥12,369
10月	550	¥12,596	¥1,677	¥12,729
11月	600	¥13,653	¥1,875	¥13,100
12月	600	¥13,653	¥1,875	¥13,100
合计	4963	¥124213	¥15522	¥141852

图9-9丨其他相关成本的预测

指数预测法主要用于预测成交量随着时间的变化而按照某种增长率不断增加或减少的成本变化趋势。卖家可以利用指数预测法根据网店的相关数据建立指数曲线方程，并且以此为根据进行数学建模，来推算、预测网店利润的发展趋势和状态。但是这种预测方法只适用于短期预测，因为市场在不同的时期呈现不同的变化形态，任何一种宝贝的成交量都不可能在长时期内保持固定不变的增长率。

9.3.3 图表预测法

图表预测法也是数据预测的方法之一，图表预测法的实质就是通过分析数据源，创建预测图表，并在图表中插入趋势线，通过趋势线预测数据的走向。

卖家要使用图表预测法来预测网店的利润，首先需要根据网店的实际运营情况创建成交量分析图表，并且对图表进行分析。

第一步，计算上半年每月总成本。

在F2单元格中输入计算公式“=SUM(C2:E2)”，按Enter键即可得到1月的总成本，再向下复制公式，即可得到网店上半年每月的总成本，如图9-10所示。

F2 　 fx 　 =SUM(C2:E2)

	A	B	C	D	E	F
1	月份	成交量	宝贝成本	推广成本	固定成本	合计
2	1月	369	¥9,463	¥1,245	¥11,397	¥22,105
3	2月	412	¥8,599	¥983	¥10,412	¥19,994
4	3月	185	¥6,542	¥671	¥9,822	¥17,035
5	4月	204	¥7,246	¥802	¥10,462	¥18,510
6	5月	351	¥10,349	¥1,279	¥13,029	¥24,657
7	6月	342	¥9,877	¥1,073	¥11,734	¥22,684

图9-10丨每月的总成本

第二步，插入图表。

选中F2:F7单元格区域并切换到"插入"选项卡下，单击"图表"组中的对话框启动器弹出"插入图表"对话框，将对话框切换到"XY（散点图）"选项卡下，选择"散点图"，并单击"确定"按钮，返回工作表即可看到图表，如图9-11所示。

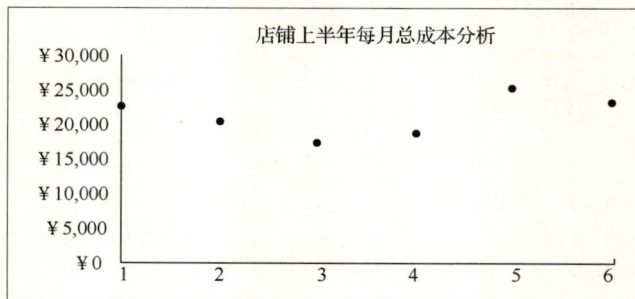

图9-11｜插入图表

第三步，添加并设置趋势线。

选中图表，切换到"设计"选项卡，在"图表布局"组中单击"添加图表元素"右侧的下三角按钮，然后在展开的下拉列表中指向"趋势线"选项，选择展开的子列表中的"线性"按钮，此时，即可看到图表中添加了趋势线。选中趋势线并用鼠标右键单击鼠标，在弹出的快捷菜单中选择"设置趋势线格式"命令，如图9-12所示。

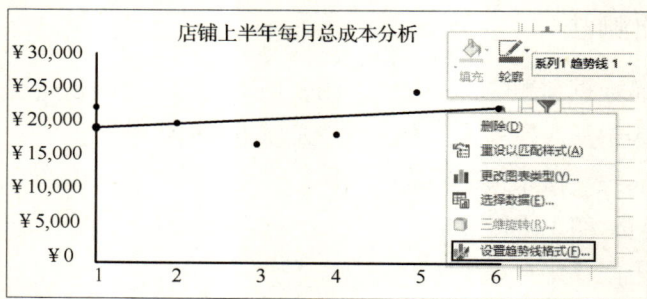

图9-12｜设置趋势线格式

弹出"设置趋势线格式"对话框，在"趋势线选项"选项卡下勾选"显示公式""显示R平方值"复选框，如图9-13所示。设置完成后，就可以看到图表中的趋势线位置处显示了使用的线性公式和R^2值。

第四步，预测下半年的成本。

首先需要创建线性趋势线预测的区域，根据图表中显示的线性公式"$y=524.54x+18995$"与R^2值，在I15单元格中输入公式"=524.54*H15+18995"，得到7月的预测总成本；向下复制公式至I20单元格，即可得到下半年网店的预测总成本，如图9-14所示。

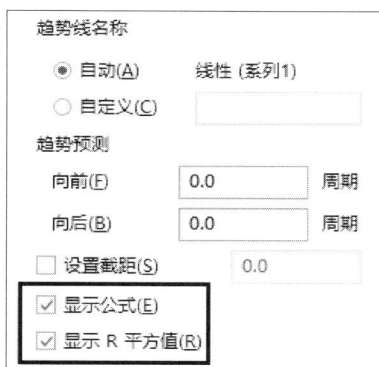

图9-13｜设置趋势线选项

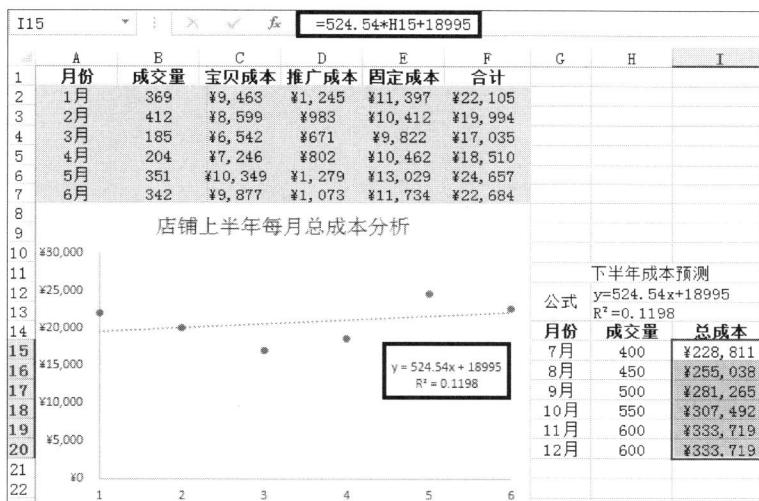

图9-14｜网店下半年的各月的总成本预测结果

图表预测法是直接利用网店的各项已知总成本对下半年的总成本进行预测，卖家能够很直观地根据预测的数据结果分析网店的盈利情况。但是图表预测法仅提供了总成本的预测结果，没有对每月每项的成本进行预测分析，因此，卖家不能够判断具体是哪项成本出现了问题。且网店的宝贝受市场供求关系的影响很大，因此，图表预测法仅适合于成本增长或降低比较稳定的宝贝的预测。

9.3.4 分析工具预测法

为了帮助卖家进一步解决网店日常运营中的活动规划、数据分析与预测等一系列问题，本小节将介绍"移动平均"分析工具，以便卖家对网店的成本及利润进行预测。

移动平均法是一种最简单的自适应预测方法。移动平均法利用近期的数据对预测值的影响比较大，而远期数据对预测值影响较小的原理，把平均数进行逐期移动。而移动期数的大小视具体情况而定，移动期数少，能够快速地反映得出结果，但是不能准确反映变化趋势；移动期数多，能够反映变化趋势，但是预测值带有明显的滞后偏差。接下来将讲解如何利用移动平均法预测网店的成本。

第一步，选择分析工具。

结合图9-3所示范例，单击"数据"标签切换至"数据"选项卡下，并在"分析"组中单击"数据分析"按钮，弹出"数据分析"对话框，在"分析工具"列表框中选择"移动平均"选项，单击"确定"按钮，如图9-15所示。

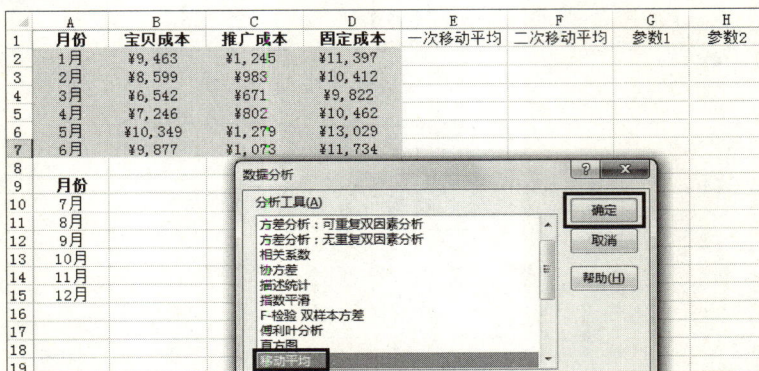

图9-15 | 选择分析工具

第二步，设置输入和输出区域。

在弹出的"移动平均"对话框中，单击"输入区域"文本框右侧的引用按钮，选择"B2:B7"单元格区域再返回对话框；设置好输入区域后，在"间隔"文本框中输入"2"；在"输出选项"选项组的文本框中设置"输出区域"为E2，单击"确定"按钮，如图9-16所示。

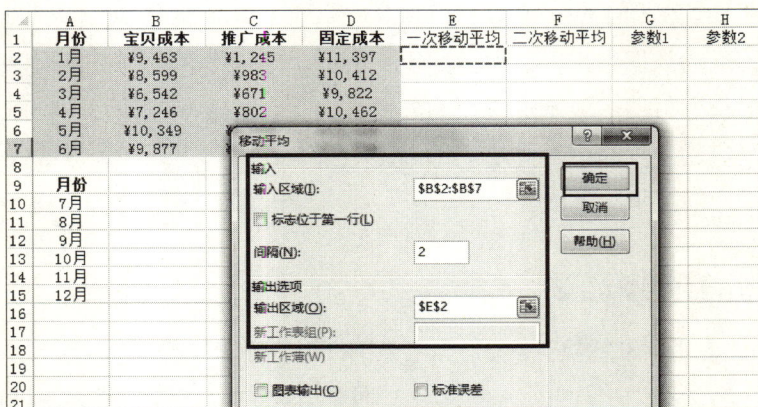

图9-16 | 设置输入和输出区域

第三步，显示输出预测值。

返回到工作表中，系统自动计算出所选数组的一次移动平均的结果，如图9-17所示。

图9-17 | 显示一次平均结果

第四步，计算二次移动平均结果及参数。

按照同样的方法，计算二次移动平均的结果。在"移动平均"对话框中单击"输入区域"文本框右侧的引用按钮，选择"E3:E7"单元格区域后返回对话框；设置好输入区域后，在"间隔"文本框中输入"2"；在"输出选项"选项组的文本框中设置输出区域放置的位置为F3，单击"确定"按钮，如图9-18所示。

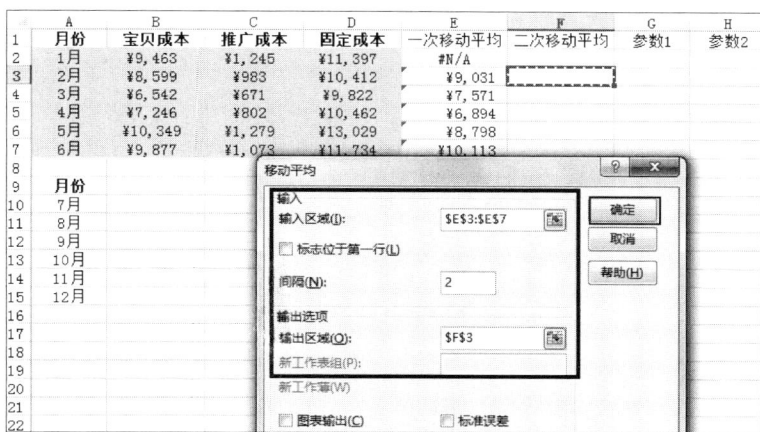

图9-18 | 设置二次移动平均的输入和输出区域

计算出一次移动平均数组值和二次移动平均数组值后，再利用一次移动平均值和二次移动平均值计算出参数1和参数2，公式为"参数1 = 一次平均值×2 – 二次移动平均值"和"参数2 =（一次移动平均值 – 二次移动平均值）×2"。

在G4单元格中输入公式" = E4*2-F4"，在H4单元格中输入公式"=(E4-F4)*2"，利用自动填充功能向下复制公式，如图9-19所示。

第五步，预测下半年的宝贝成本。

已知预测成本的计算公式为"预测值 = 参数1 + 参数2 ×（预测期数 – 已知期数）"

（其中参数1、参数2、已知期数均属于同一期数据），例如计算7月数据为"10770.75＋1315.50×（7－6）"，8月数据则为"10770.75＋1315.50×（8－6）"；同理，可计算出下半年的宝贝成本，如图9-20所示。

月份	宝贝成本	推广成本	固定成本	一次移动平均	二次移动平均	参数1	参数2
1月	9463	1245	11397	#N/A			
2月	8599	983	10412	9031	#N/A		
3月	6542	671	9822	7570.5	8300.75	6840.25	-1460.50
4月	7246	802	10462	6894	7232.25	6555.75	-676.50
5月	10349	1279	13029	8797.5	7845.75	9749.25	1903.50
6月	9877	1073	11734	10113	9455.25	10770.75	1315.50
7月							
8月							
9月							
10月							
11月							
12月							

图9-19｜计算参数1和参数2

月份	宝贝成本	推广成本	固定成本	一次移动平均	二次移动平均	参数1	参数2
1月	9463	1245	11397	#N/A			
2月	8599	983	10412	9031.00	#N/A		
3月	6542	671	9822	7570.50	8300.75	6840.25	-1460.50
4月	7246	802	10462	6894.00	7232.25	6555.75	-676.50
5月	10349	1279	13029	8797.50	7845.75	9749.25	1903.50
6月	9877	1073	11734	10113.00	9455.25	10770.75	1315.50
7月	12086.25						
8月	13401.75						
9月	14717.25						
10月	16032.75						
11月	17348.25						
12月	18663.75						

图9-20｜下半年的宝贝成本预测值

第六步，预测下半年的推广成本和固定成本。

同理，可以计算出下半年的推广成本和固定成本，如图9-21所示。

月份	宝贝成本	推广成本	固定成本
1月	9463	1245	11397
2月	8599	983	10412
3月	6542	671	9822
4月	7246	802	10462
5月	10349	1279	13029
6月	9877	1073	11734
7月	12086.25	1379.25	13335.50
8月	13401.75	1514.75	13971.50
9月	14717.25	1650.25	14607.50
10月	16032.75	1785.75	15243.50
11月	17348.25	1921.25	15879.50
12月	18663.75	2056.75	16515.50

图9-21｜下半年的推广成本和固定成本

分析工具中的移动平均法比较适用于近期的数据预测，当淘宝市场对某项宝贝的需求增长比较稳定，且不存在季节性因素的时候，移动平均法能有效地消除预测中的随机波动，使用这种方法预测网店的成本是非常有效的。但是移动平均法计算的是平均值，不能精准地反映预测成本的整体变化趋势，会使数据停留在过去的水平上，而导致卖家无法进行深入的研究和分析。

本小节主要介绍了4种预测方法，分别是线性预测法、指数预测法、图表预测法以及分析工具预测法，不同的预测方法均能达到不同的目的，因此，卖家需要结合4种预测方法的长处对网店的利润进行全方位的分析，为网店运营决策提供科学的数据支撑。

9.4 网店利润的规划求解

经过一段时间的运营后，卖家需要对上一阶段的预测结果进行验证、评价和分析，即以实际数据与预测数据进行综合对比，核算预测结果的准确性，分析产生误差的原因，并且对原预测方法加以修正。这个过程需要反复对运营数据进行整理和分析，以确保数据预测的准确性。

下面将对不同因素对网店利润的影响来进行利润最大化分析。

9.4.1 减少推广成本和固定成本

提高网店的利润可以通过减少推广成本的支出来实现。例如，某网店主营女装，为了保证网店的推广力度不受影响，卖家规定下半年的推广成本不得少于总成本的3%。同时，网店在扣除宝贝成本的情况下，对推广成本和固定成本的相关数据进行了统计，如图9-22所示。

	A	B	C	D	E
1	月份	推广成本	固定成本	总成交额	利润
2	1月	872.35	16731.12	23269.36	5665.89
3	2月	713.44	14128.75	19835.21	4993.02
4	3月	1053.02	17756.11	24008.49	5199.36
5	4月	1209.19	19779.88	26613.58	5624.51
6	5月	885.21	16413.43	21368.36	4069.72
7	6月	901.09	16920.54	22759.92	4938.29
8	合计	5634.3	101729.83	137854.92	30490.79

图9-22 | 网店上半年成本与利润数据统计

下面利用Excel计算减少成本的规划数据。

1. 设置目标单元格和可变单元格

在"数据"选项卡下单击"规划求解"按钮，弹出"规划求解参数"对话框，设置目标单元格为E2，选中"最大值"；单击"通过更改可变单元格"的折叠按钮，返回到工作表中选择B2单元格区域，如图9-23所示。

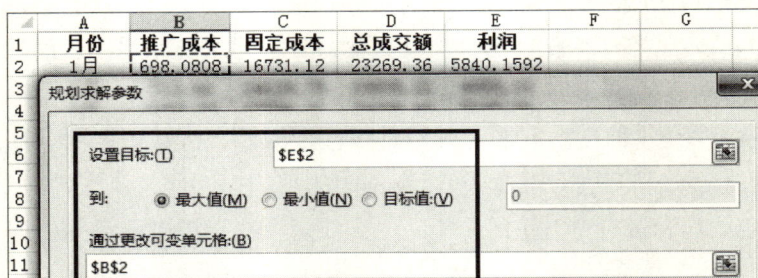

图9-23 | 设置目标单元格和可变单元格

2. 设置约束条件

单击"添加"按钮，弹出"改变约束"对话框，约束条件设置如图9-24所示。

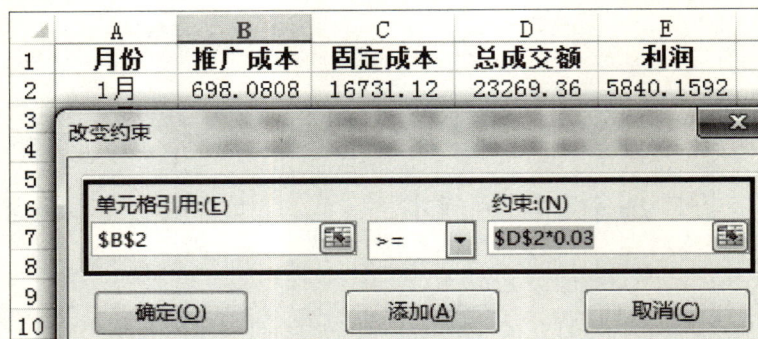

图9-24 | 改变约束条件

3. 求解最大值

单击"确定"按钮，返回到"规划求解参数"对话框，可以看到在列表中显示了所有的约束条件，再单击"求解"按钮，如图9-25所示；在弹出的对话框中单击"保存方案"按钮，如图9-26所示，在弹出对话框的"方案名称"中输入"减少推广成本"。

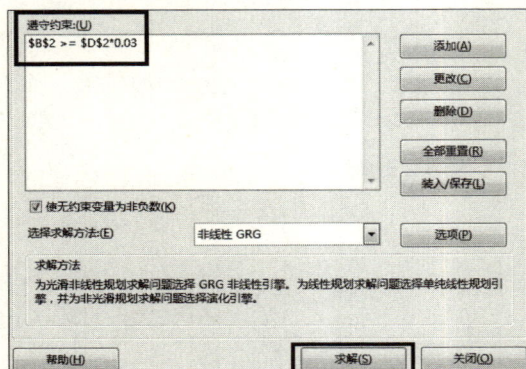

图9-25 | 求解最大利润

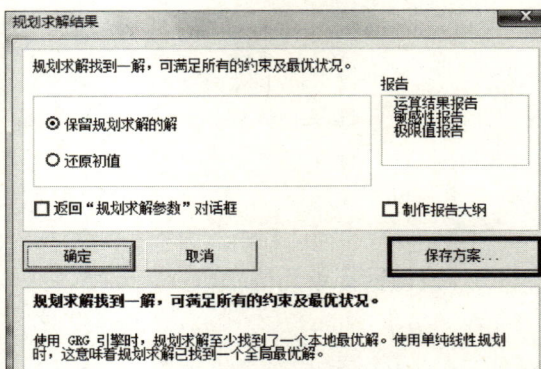

图9-26 | 保存方案

4. 预测其他月份的推广成本

返回到工作表中，即可看到1月的规划推广成本为698.0808元，按照同样的方法，计算出2～6月的推广成本，如图9-27所示；按照同样的方法，预测网店固定成本，如图9-28所示。

规划数据			
月份	推广成本	固定成本	总成交额
1月	698.0808	16731.12	23269.36
2月	595.0563	14128.75	19835.21
3月	720.2547	17756.11	24008.49
4月	798.4074	19779.88	26613.58
5月	641.0508	16413.43	21368.36
6月	682.7976	16920.54	22759.92
合计	4135.6476	101729.83	137854.92
历史数据			
月份	推广成本	固定成本	总成交额
1月	872.35	16731.12	23269.36
2月	713.44	14128.75	19835.21
3月	1053.02	17756.11	24008.49
4月	1209.19	19779.88	26613.58
5月	885.21	16413.43	21368.36
6月	901.09	16920.54	22759.92
合计	5634.3	101729.83	137854.92

图9-27｜上半年的推广成本规划值

规划数据			
月份	推广成本	固定成本	总成交额
1月	872.35	16288.552	23269.36
2月	713.44	13884.647	19835.21
3月	1053.02	16805.943	24008.49
4月	1209.19	18629.506	26613.58
5月	885.21	14957.852	21368.36
6月	901.09	15931.944	22759.92
合计	5634.3	96498.444	137854.92
历史数据			
月份	推广成本	固定成本	总成交额
1月	872.35	16731.12	23269.36
2月	713.44	14128.75	19835.21
3月	1053.02	17756.11	24008.49
4月	1209.19	19779.88	26613.58
5月	885.21	16413.43	21368.36
6月	901.09	16920.54	22759.92
合计	5634.3	101729.83	137854.92

图9-28｜上半年的固定成本规划值

在成交额一定的情况下，网店通过减少推广成本和固定成本的支出增加利润。

网店推广成本减少：5634.3 − 4135.6476=1498.6524（元）

网店固定成本减少：101729.83 − 96498.444=5231.386（元）

网店的利润提升：37220.828 − 30490.79=6730.038（元）

最大限度地提升利润是淘宝网店赖以生存和发展的前提，也是网店的基本目标。网店的一切运营活动都是围绕利润展开的，而如何有效控制成本是提升利润的关键。卖家在控制成本的时候应该注意以下两点。

（1）统计历史运营数据必须保证数据准确无误，卖家根据前期的运营情况对接下来的运营进行控制，制定相关的制度。

（2）减少固定成本的支出需要形成全员参与的氛围，如节约水电、爱惜办公设备等。

▌9.4.2 创建规划求解报告

在前面小节进行规划求解时，当求得一个数值的时候，会弹出"规划求解结果"对话框，在对话框中共显示了3种报告的类型，分别是"运算结果报告""敏感值报告""极限值报告"。淘宝卖家可以根据实际的数据分析需要选择报表的类型。下面将对运算结果报告进行详细讲解。

1. 选择报告类型

打开"减少推广成本"表格，在"数据"选项卡下单击"规划求解"按钮，弹出"规划求解参数"对话框，单击"求解"按钮，弹出"规划求解结果"对话框，在"报告"列表框中选择创建的报告类型为"运算结果报告"，单击"确定"按钮，如图9-29所示。

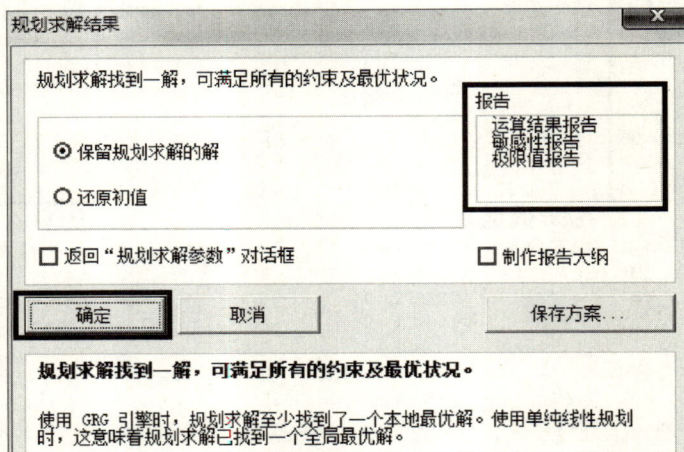

图9-29｜选择报告类型

2. 运算结果报告

Excel会自动在当前的工作簿中插入一个新的工作表，如图9-30所示。

图9-30｜运算结果报告

报告的最大优势就是能在第一时间内反映出相关的核心数据指标。图9-30所示的运算结果报告很直观地反映了"目标单元格（最大值）""可变单元格"以及"约束"3项数据指教，不同的数据指标按照单元格、名称、初值等选项进行综合排列。因此，卖家利用运算结果报告能直观地判断出网店之前制定的成本规划是否合理，如果相关的数据还存在缺陷，卖家也能及时更改数据，为网店下一阶段的健康运营打下基础。

本章小结

通过本章的学习，读者首先可了解到利润与利润率的定义，并且通过分析影响网店盈利的因素，找准提升利润的切入点。接着读者学习了网店利润的预测与分析方法，根据历史的运营数据对网店接下来的运营数据进行预测，为后续决策提供数据支撑。通常而言，线性预测法、指数预测法、图表预测法以及分析工具预测法是常用的预测方法。最后读者学习了对网店的利润进行规划求解。网店通过减少推广成本和固定成本提升网店的利润，为了能够更加直观地反映出相关的数据指标，创建规划求解报告也是必不可少的操作步骤。

课后思考题

从开店到现在，淘宝卖家小王对网店的历史运营数据进行了统计，细心的小王发现，网店的生意虽然比以前好，但是网店的利润涨幅却不甚明显，有段时间基本上处于收支平衡状态。

小王不禁开始反思，如果网店按照现在这种状况发展下去，到年底也仅是收支平衡，网店甚至无法为客服人员提供承诺过的年终奖，这会直接导致人员的流动率很大；更关键的是网店的发展将举步维艰。因此，小王决定要对下半年的各项成本进行预测，包括细小环节的成本。

请根据本章所学习的内容，为小王制定一份网店利润的分析方案。

第10章

数据化运营
案例分析

淘宝网店的数据化运营案例分析基于淘宝网店的真实案例向广大新手卖家传递具有指导意义的网店运营经验和知识。

淘宝网店的真实案例可引导卖家进行思考和探索。卖家可针对相关的运营问题进行深入的研究与分析，从中挖掘出一定的规律，作为网店运营和决策的理论支持。

本章的数据化运营案例抛砖引玉，对案例的结果灵活处理，因此，卖家在分析案例的时候完全可以按照自身的实际情况创造出崭新的结果。

本章关键词

- 网店的选品和推广
- 利润的核算
- 流量指标构成
- 用户行为轨迹数据

本章数据分析中的图表展示

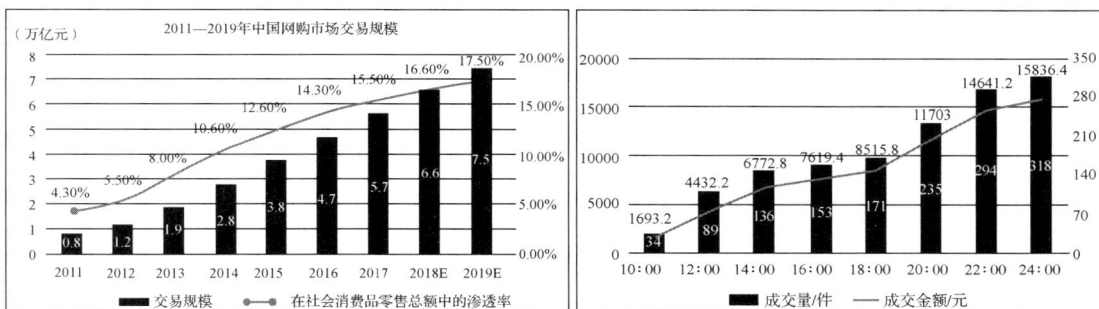

10.1 新手开店迈向成功的三部曲

截至2016年年底，我国网络购物用户规模已经达到4.67亿人，较2015年年底增加了5 345万人，同比增长12.9%。从市场交易规模来看，截至2016年年底，我国网购市场交易规模达到4.7万亿元人民币，同比增长24.7%，在社会消费品零售总额中的渗透率达到14.3%，同比提升1.7个百分点。据权威数据统计机构预计，该渗透率到2019年将达到17.5%，对应的网购市场交易规模高达7.5万亿元人民币，约为2016年的1.6倍，如图10-1所示。

随着网购人群和网购市场交易规模的不断发展和壮大，大批自主创业者选择网上开店作为创业的起点和突破口。网上开店是一种在互联网和电子商务深度结合的背景下产生的新的经营方式，和传统的线下开店相比，网店的开店成本不大，且经营方式灵活，能够为创业者提供不错的利润空间，因此，网上开店创业成为许多人的首选创业之路。

创业大军中不乏大学生，其中王佳（化名）就是一名大学生创业者。王佳作为某高校电子商务专业的应届毕业生，并没有像其他同学那样急匆匆地找工作，而是充分运用自己所学的专业知识，分析中国网购市场的现状，打算自主开店创业。

图10-1 | 2011—2019年中国网购市场交易规模

▌ 10.1.1　网店的选品

既然是开店创业，那么，第一步就应该解决网店该卖什么、从哪里进货、进货的成本是多少等问题。王佳所在的城市是广州，广州有众多的批发市场，可供选择的货源类目丰富、渠道广。

王佳不禁思考，目前，自己的创业资金只有2万元，作为新手卖家，该怎样做才能在众多商家中站稳脚跟呢？

王佳对目前淘宝市场热销类目的前20名进行了分析，剔除了一些自己了解不够深入的类目，如电子产品、家居用品等，她初步决定在女装、箱包和女鞋中选取一个类目作为自己网店的主营类目。

接下来，王佳深入到当地的批发市场进行了实地考察，根据走访发现，线下的批发市场类目较多的是女装行业，其次是箱包行业，最后是女鞋行业。她结合线上和线下的情况综合分析，决定网店主营女装。其原因主要有两点：

（1）服装行业属于热销类目，市场需求量巨大，网店也会有较大的盈利空间；

（2）服装行业在线下的批发市场多，可供选择的类目丰富。

在创业初期，因为创业资金不是特别雄厚，所以钱必须花在"刀刃"上。为了减少在进货过程中产生的成本，王佳针对同款女装在不同批发市场和阿里巴巴批发市场的价格做了相关的数据整理，如表10-1所示。

表10-1　不同货源市场的价格以及优惠条件

货源市场	价格	快递费用	采购优惠条件（X为计件数）	承诺服务
批发市场甲	99元	—	$X \leqslant 20$，99元/件 $20 < X \leqslant 50$，93元/件 $50 < X \leqslant 100$，88元/件 $X > 100$，80元/件	1. 商品出现质量问题无条件包退换； 2. 订单一次性超过50件，送货上门
批发市场乙	150元	—	$X \leqslant 10$，150元/件 $10 < X \leqslant 50$，130元/件 $X > 50$，100元/件	1. 商品出现质量问题无条件包退换； 2. 订单一次性超过6000元，续单享受8折优惠
批发市场丙	100元	—	$X < 20$，100元/件 $20 \leqslant X < 50$，95元/件 $50 \leqslant X < 100$，90元/件 $X \geqslant 100$，85元/件	1. 商品出现质量问题无条件包退换； 2. 累计消费超过5000元，享受8折优惠
阿里巴巴批发市场	66元	20元	$X < 50$，66元/件 $50 \leqslant X < 100$，64元/件 $X \geqslant 100$，60元/件	1. 商品出现质量问题无条件包退换； 2. 可免费申请样品； 3. 订单一次性达到50件包邮

王佳通过对4个货源市场的具体进货情况进行分析发现，线上的货源市场比线下的货源市场便宜很多，如果进货数量为50件，那么，4个不同的货源市场会产生不同的进货成本，具体分析如表10-2所示。

表10-2　不同货源市场产生的成本

单位：元

货源市场	价格	快递费用	成本
批发市场甲	93	—	4650
批发市场乙	130	—	6500
批发市场丙	90	—	4500
阿里巴巴批发市场	64	—	3200

根据计算分析可知，从4个不同的货源市场进货产生的成本相差极大。纵观4个货源市场，阿里巴巴批发市场进货的成本最低，因此，王佳决定选择阿里巴巴批发市场作为主要的进货渠道，并选择批发市场甲和批发市场丙作为备用货源市场，如果网店出现卖断货、急需补货的情况，可以直接选择从线下的货源市场进货。

10.1.2　网店的推广

王佳完成网店的选品和进货之后，开始正式运营网店，可是新店在成长初期，没有人气和流量，排名比较靠后，导致网店好几天都没有生意，甚至连一个咨询的买家都没有，好不容易听到阿里旺旺的声音响起，王佳急忙打开一看，原来是推销消息。王佳意识到问题的严重性，于是采取了一些方法对网店进行推广。因为王佳是电子商务专业的学生，对电子商务的理论知识理解特别透彻，并且有自己独到的见解。

新开的网店最急需的是人气和流量，但是淘宝市场近百万家网店，自己的网店排名又很靠后，仅依赖搜索流量是完全行不通的。现阶段，付费推广的成本太高，自己无力承担。因此，王佳决定先做好免费推广，之后再考虑付费推广。

1.　微博推广

微博推广是非常有效的免费推广途径之一。王佳前期通过自己的微博每天坚持推送关于穿搭的微博内容，并将网店产品上新信息也同步发布到微博，如图10-2所示。通过一段时间的努力，网店的女装有了一定的基础销量。王佳也尝到了微博推广的甜头，她每天坚持与微博粉丝互动，和微博粉丝聊关于女装的一些想法，并把这些内容进行整理，应用在选品和上新中。

图10-2｜微博推送

2.　淘宝活动

当网店的流量得到提升之后，网店逐渐有了订单，但是王佳也没有松懈，在接下来的几个月中，她继续在微博上发送内容、与粉丝交流，并积极了解其他的推广渠道。

天天特价是淘宝的一个免费活动平台，王佳决定参加天天特价来刺激网店的销量，在参加活动之前，她先了解了天天特价活动的报名规则，如表10-3所示。

表10-3　天天特价报名规则

天天特价	网店要求	卖家信用积分：一钻以上
		开店时间≥90天
		加入"客户保障服务"，并加入"七天无理由退换货"
		近半年网店非虚拟交易的DSR评分三项指标分别不得低于4.6（开店不足半年的自开店之日起算）
		因为各种违规，网店被搜索屏蔽的卖家，暂时禁止参与活动
	宝贝要求	报名宝贝原价不高于全网均价，禁止先提价再打折
		报名的宝贝库存大于500件
		报名宝贝近30天内交易大于10件
		除特殊类目宝贝外，其他报名宝贝的报名价格不得高于此宝贝在淘宝网/天猫近15天的最低成交价，特殊场景除外
		参加天天特价活动的宝贝必须全国包邮
		报名宝贝应是应季宝贝
		报名宝贝图片为480像素×480像素、白底、1MB以内的清晰图片
		报名宝贝标题不超过13个汉字或26个字符，且描述要准确清晰、严禁堆砌
		品牌宝贝需要上传品牌授权图片
		涉及食品类目的宝贝需要食品生产许可认证标志，进口食品需要"中"字标

在清楚了解了报名规则后，王佳决定参加天天特价活动。

参加活动的连衣裙进货价为40元，目前的全网均价为50元，究竟该如何定价，网店才能获取最大的利润呢？

王佳在大学期间专门研究过客户购物心理，因为这款连衣裙的消费层级属于中低档，为了迎合买家的求廉心理，王佳决定采取"尾数定价法"制定价格，将这款连衣裙的价格制定为49.8元，仅低于全网均价0.2元。目前的库存量为550件，按照预期的成交量，网店的预期成交额应为49.8×150=7470元。

活动前一天（7月17日），王佳网店参加天天特价活动的连衣裙上了预告，系统再次对宝贝资质进行审核。因为卖家的信用积分、DSR动态评分、7天无理由退换货、客户保障服务等指标均属于动态评分，所有的审核结果均以二审时间为准。二审通过后不会另行通知，宝贝无问题则会自动在第二天活动日期上线销售。

活动当天（7月18日）王佳网店的某款连衣裙在天天特价活动中出现，这是王佳开店以来最忙碌的一天，阿里旺旺的消息声音"叮咚叮咚"响个不停，活动刚开始的时候，就成交了34件；截至第二天凌晨，总共销售了318件。

据王佳称，买家咨询数量最多的时候，一个人要同时应付12个买家的咨询。图10-3所示为网店当天的成交量与成交金额统计图。

　　参加了天天特价活动之后，王佳就匆匆忙忙打包、填写快递单、发货。在此期间一个人完成了所有的工作，终于赶在20日17:00之前把包裹全部发了出去。发完所有的包裹之后，王佳开始计算这批连衣裙的利润。

成本：318×40=12720（元）

成交金额：318×49.80=15836.4（元）

毛利润：15836.4－12720=3116.4（元）

　　其中还包括快递费用1200元，此次活动的纯利润为：3116.4-1200=1916.4（元）。

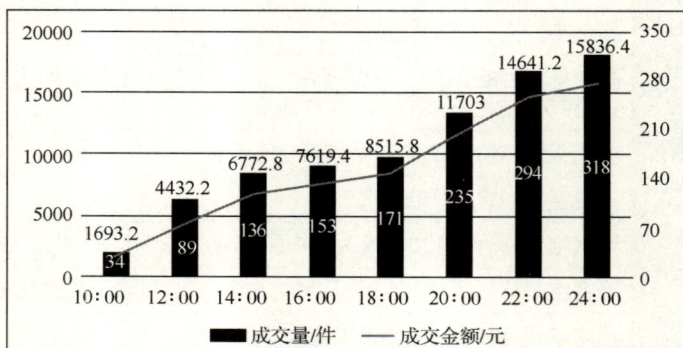

图10-3｜网店成交量与成交金额统计

　　王佳初次尝到了淘宝活动为网店带来的甜头，决定在接下来的运营中尽量多参加淘宝活动。王佳总结了这次参加活动的几点经验。

　　（1）网店的优化

　　收到天天特价的通知后，王佳发现网店的优化不够完全。在后期参加活动之前，要先调整网店页面的版面，对图片进行美化修饰，并且做好网店宝贝的关联营销。除此之外，还应该在网店首页或宝贝详情页添加天天特价活动的图片。

　　（2）快递费的核算

　　在参加天天特价活动之前，王佳忽略了快递费用这一块，有的买家位于偏远地区，但是天天特价又硬性要求全国包邮，因此，快递费用的花费较大。在后期的活动中应该考虑快递费用成本，并且充分了解当地快递公司的收费情况，选择性价比高的快递公司。

　　（3）发货时间的设置

　　当天卖了300多件连衣裙，王佳网店设置的时间是拍下24小时内发货。虽然这次的包裹量较多，但是已经承诺了买家在24小时内发货，王佳还是在规定的时间内把包裹全部寄了出去。因此，在参加活动之前需要重新设置发货时间，如果发货时间过短，很容易导致发漏、发错等情况。

（4）活动前的数据统计

在参加活动之前，一定要记录好活动前的各项数据，如浏览量（PV）、访客量（UV）、收藏量、有效入店率、旺旺咨询率以及成交转化率等，把活动前记录的数据和活动后的数据相比较，会更加容易发现网店目前存在的问题，便于及时整改。

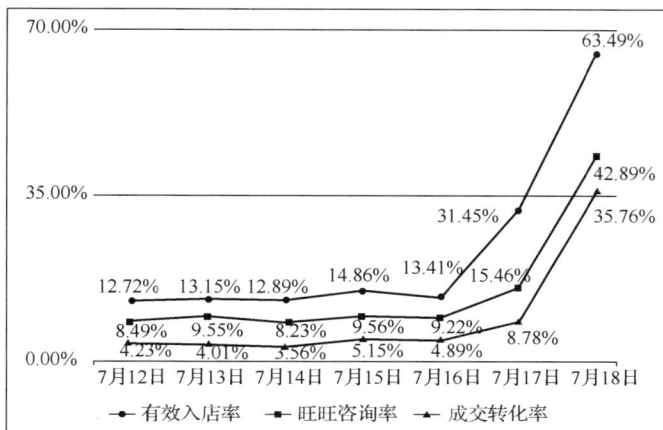

图10-4｜各项流量数据指标的变化情况

王佳的网店成功参加了第一次活动，她将自己参加活动的前期准备、活动期间出现的问题和解决方案，以及活动后包裹的发放等一系列环节全部整理好，在淘宝论坛上发了心得交流帖。这次发布的帖子得到了论坛管理员的认可，被设置为"精华帖"，也得到了许多卖家的认可。活动结束后，王佳对网店流量的来源做了统计，如图10-5所示。

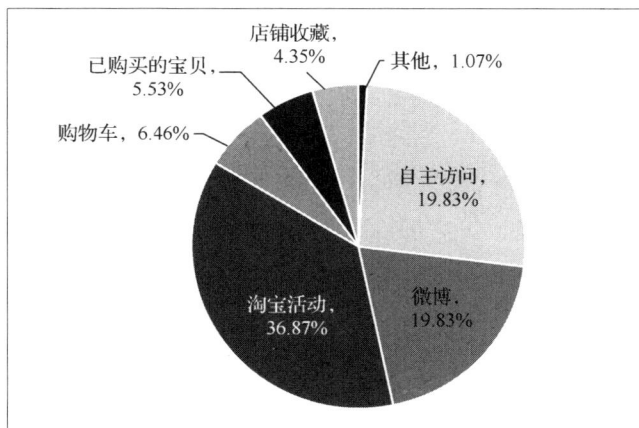

图10-5｜网店流量构成图

根据图10-5分析，淘宝活动和自主访问产生的流量超过了网店流量的60%，微博的流量占比为19.83%，以购物车为首的站内流量大约占据网店流量的16%。

根据网店流量的构成类型分析，网店的流量来源较丰富，但是目前还存在一些问题，即网店的站外流量种类较少（其他项仅占1.07%）。因此，在接下来的运营中，王佳应该充分挖掘站外流量。

▎10.1.3　利润的核算

从开店初期的迷茫到现在成功参加天天特价活动，王佳的网店成立已经半年多了。王佳对网店的利润进行了核算，如表10-4所示。

表10-4　网店上半年的利润核算

月份	成交额/元	利润/元
3月	382.99	−3752.88
4月	541.91	−16.77
5月	633.37	−117.37
6月	852.79	31.87
7月	25764	13892.22
8月	12139	10378.75
合计	40314.06	19615.82

根据网店上半年的利润核算表分析可知，开店的前3个月，网店一直处于亏本状态，直到第四个月，网店才扭转亏本的局面，网店在第五个月参加了天天特价活动，成功实现了网店流量质的飞跃，并且较高的成交转化率为网店创造了开店以来的第一次成交高峰，也为接下来的运营奠定了成交量基础。

王佳创业的经历只是千万大学生创业的一个缩影。王佳在创业过程中有以下几点值得广大新手卖家借鉴。

1．地理优势

广州的制造和贸易行业都比较发达，王佳在创业初期对于主营类目的可选择空间较大。对不同进货渠道进行比较，可在进货成本及快递费用等多方面节约不少的资金。

除此之外，王佳以网上进货为主，一旦出现缺货的情况，她可以立即去当地的批发市场进货，确保能及时发货，减少退款率。

2．专业知识活学活用

王佳在大学的时候专门研究过客户的购物心理，关于宝贝的定价有一套完整的方案，针对不同的宝贝采取不同的定价方案。

例如，尾数定价法利用了买家的求廉心理，49.8元和50元仅相差0.2元，但是却让买家产生了不同的心理感受。科学的定价方法一方面能让买家感觉"占了便宜"，更重要的是在最大程度上促成了交易，保证了网店的成交转化率。

3. 善于统计数据分析

王佳在成功参加了天天特价活动之后，并没有沉浸在成功的喜悦之中，而是先分析网店的相关数据指标，如网店的流量构成，虽然网店的流量有了质的变化，但是细心的王佳还是发现，网店的站外流量来源单一。如果目前的流量来源发生变化，很可能会给她的网店带来沉重的打击。因此，她决定在接下来的运营中适当改变战略战术，采取"多渠道站外引流"，丰富网店流量的来源。

王佳在创业初期一步一步熬过难关。最初的选品、网店的推广、利润的核算，这就是新手卖家迈向成功的三部曲。纵观王佳创业初期成功的因素，不难发现主观因素始终大于客观因素。如果新手淘宝卖家充分发挥主观能动性，利用数据的分析结果作为运营的决策依据，不断学习借鉴其他卖家的成功经验，再根据自身的实际情况，稳扎稳打，步步为营，会更容易成功。

10.2 网店数据分析之流量数据

不管网店在哪个发展阶段，流量始终是网店运营的基础。没有流量就等于没有销量。如何提升网店的流量一直是淘宝卖家关注的焦点之一。众所周知，流量分为站内流量、站外流量。站内流量有一部分相当重要，如淘宝官方活动、首页的自主访问、直通车、钻石展位以及淘宝客等，那么，淘宝卖家又该如何分析网店的流量数据呢？

"流量数据达人"小陈将为广大的淘宝卖家示范该如何对流量数据进行分析。小陈是一名数据分析人员，主要研究网店的流量数据，于2008年开始从事相关的网店数据分析工作，具有丰富的数据分析经验。

10.2.1 流量指标的构成

在分析流量之前，首先需要明确网店的流量指标构成，如图10-6所示，小陈分别以宝贝流量和网店流量作为切入口对各项流量指标进行分析。

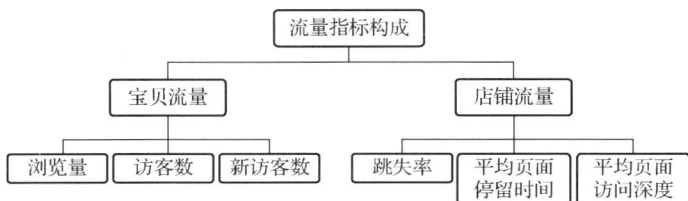

图10-6 | 流量指标构成

在宝贝流量中，新访客数是指之前没有在网店产生过购买行为的访客的访问次数。新访客数是衡量一个网店的推广效果、装修风格受欢迎程度以及宝贝定位的数据指标。因此，在宝贝流量中，新访客数是需要重点研究的数据。

跳失率、平均页面停留时间和平均页面访问深度3项数据指标都是衡量网店流量的重要指标。跳失率是衡量网店用户体验的关键指标，跳失率越低，说明用户体验越好；平均页面停留时间和平均页面访问深度衡量的是网店对买家的黏性。

后续小陈将主要根据新访客数和跳失率对网店的流量进行深入的分析。

10.2.2　用户行为轨迹数据

小陈认为，在网店数据分析的大框架下，淘宝卖家通过对用户行为进行监测进而获得用户行为轨迹数据是流量数据分析的重中之重。淘宝卖家通过用户行为轨迹数据，能更加清楚、详细地了解买家的需求、喜好以及相关的作息习惯等，有助于网店实现更加精准流量数据分析，实现网店宝贝的精准化营销。

在面对满屏的数据时，很多新手淘宝卖家处于茫然不知所措的状态，小陈认为做用户行为轨迹数据分析的第一步就是确定目标。网店的目标是通过相关的流量数据分析，降低推广的成本，提升成交转化率和支付率。在此目标基础上，卖家可再对相关的数据指标进行分析和优化。数据分析情况如下。

1. 新访客数

小陈统计了某网店最近7天的新老访客数变化，如图10-7所示。

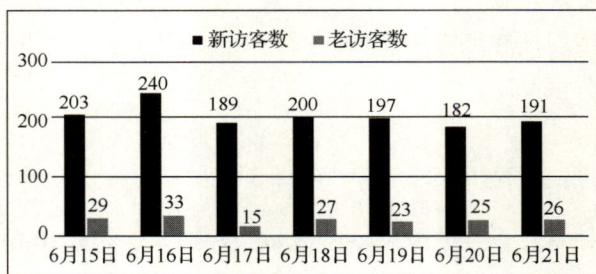

图10-7｜新老访客数对比图

根据网店的新老访客数对比图发现，该网店的新老访客数都比较稳定。新访客是一个网店的流量的主要来源，但老访客数也是不容忽视的，因为老客户对网店的成交转化率的贡献是相当大的。所以，淘宝卖家在开发新客户的同时，也需要对老客户进行关系的维护。

一般情况下，淘宝网店的新客户越多，说明淘宝网店吸引新客户的能力越强。因此，卖家需要对新客户的用户行为轨迹进行分析，新客户在访问某一宝贝的时候，其用户行为轨迹大致如图10-8所示。

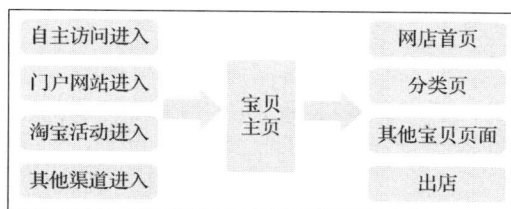

图10-8│新客户行为轨迹图

当客户通过各种渠道进入宝贝主页之后，可能会受到价格、装修、客服响应时间以及关联营销等因素的影响，客户会产生进入网店首页、分类页、其他宝贝页面和出店等行为。因此，在最大程度上增加新客户的访客数是提升网店流量的关键。小陈对网店不同渠道的新客户的访客数进行了数据统计，如图10-9所示。

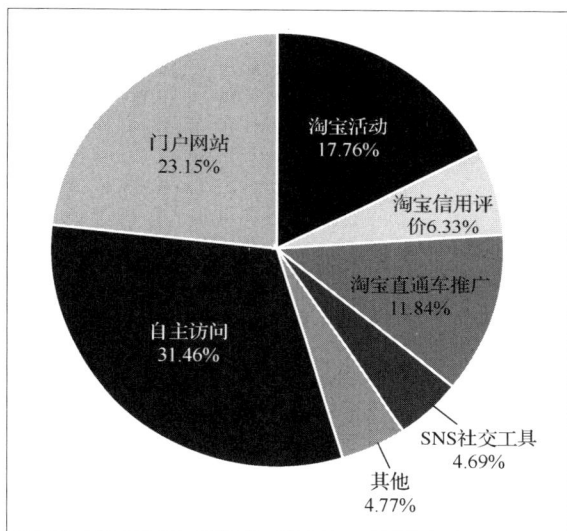

图10-9│新客户的访问渠道统计图

小陈根据统计分析发现，新客户主要通过自主访问、门户网站和淘宝活动3种渠道进行访问，而淘宝信用评价、淘宝直通车推广、SNS社交工具等渠道则丰富了网店流量的来源类型，使网店可以从多种渠道获取流量。

可见，淘宝卖家必须应该清楚新客户从哪里来，访问渠道是什么，分析是否需要再扩展访问渠道。同时，小陈也提醒新手淘宝卖家，如果投入的资金过多，但是获取的流量极少，那么，卖家应该考虑减少一部分付费流量的支出。

2. 跳失率

跳失率是指买家从某个或某组登录页面进入网店，只访问了一个页面就离开的访问人次占据该组登录页面访问总人次的比。跳失率=跳失人次/登录页面的访问人次。数据运营分析工具"江湖策"能够监测网店的跳失情况，如表10-5所示。

表10-5 "江湖策"监测数据

浏览量	访客数	跳失率	拍下件数	拍下金额/元	成交用户数	引导成交金额/元	成交转化率	操作
352	136	52.16%	30	2096.4	15	978.32	9.46%	查看订单

小陈根据"江湖策"显示的跳失率数据（见图10-10）分析可知，"宝贝收藏"浏览量和访客数均比较高，但是跳失率竟然达到100%，所以，淘宝卖家在接下来需要立即对"宝贝收藏"页面进行优化，单击"宝贝收藏"后面的小柱形图，即可查看"宝贝收藏"指标最近15天的变化趋势。

渠道类型	浏览量	访客数	跳失率	拍下件数	拍下金额
自主访问	337	97	58.06%	34	9,900.00
店铺收藏	27	13	42.86%	3	268.00
宝贝收藏	101	41	100.00%	0	0.00
我的淘宝	28	9	40.00%	14	8,715.00
直接访问	172	45	63.08%	10	596.00
购物车	9	2	66.67%	5	321.00

图10-10 | 跳失率分析

除了"宝贝收藏"页面需要优化外，"直接访问"的跳失率高达63.08%；"购物车"的跳失率为66.67%，这两项数据指标的相关页面都需要进行优化。

跳失率能反映访客访问的网店登录页面的装修效果的好坏。如果网店的某一项访问渠道跳失率过高，那么，淘宝卖家就需要引起警惕，首先查看哪些渠道可到达网店的该页面，再分析该页面跳失率过高的原因，最后完成访问渠道的优化。

本章小结

本章主要是为新手卖家在创业初期提供案例。

其中第一个案例讲解了新手卖家从网店选品到推广，再到网店利润的核算的过程；第二个案例分析了网店流量指标的构成，主要以新访客数和跳失率为维度对用户行为轨迹数据进行了分析。

本章案例形式灵活，案例中穿插了网店的部分核心数据，便于读者学习从整体上把握网店的运营情况。

课后思考题

淘宝卖家小王比较擅长借鉴别人的成功经验，也会试着将别人的成功经验和自己网店的实际情况相结合来运营网店。在网店运营一年多后，他收获颇多，从第一单成交的无比喜悦到第一个回头客的出现，从第一次参加淘宝官方活动到熟练掌握网店运营推广的方法和技巧……在这期间，也有很多的坎坷，如联系买家修改中差评，买家抱怨网店的物流、客服不给力……这一路走来，他始终保持最初的信念：

有志者，事竟成，破釜沉舟，百二秦关终属楚；

苦心人，天不负，卧薪尝胆，三千越甲可吞吴。

为了帮助和鼓励更多的新手淘宝卖家，他总结了开店以来的经验，决定以案例的形式在淘宝论坛中发帖，目前他主要想讲解自身参加淘宝官方活动的真实案例，但是他又不知道该从何处下笔。

根据本章所学习的内容，请你为小王梳理写作案例的要点。